黃寶實著

中國歷代行人考續編

中華書局印行

黃新渠先生中國歷代行人考續編序

歷代之對外政策及行人之表現，大抵隨史局分合，國勢強弱，而異其範疇。當宇內分裂之際，弱國常運用外交以圖存，故行人多能奮其智勇，制勝壇坫，如燭之武之退敵師，申包胥之泣血秦庭，藺相如之持璧睨柱，杜杲之聯陳滅齊，其所表現，皆極精采。洎大一統之世，安邊撫遠，星軺四出，弘揚聲教，宣威萬里，如陸賈之說服南粵，張騫之鑿空西域，蘇武之嚙雪北海，鄭衆之冒死爭禮，其所表現均甚壯烈。一部中國行人史，率由此兩大範疇之人物，交織而成。當其履險犯難，忘身異域，壯志奇節，豐功偉烈，實可泣可歌，足矜足式。惜其事蹟，散在諸史，從無人董理，與以有體系之考述，可憾孰甚！吾友黃新渠先生精于法學，湛于史部，尤究心外交，曩著中國歷代行人考，起自周代，下迄三國，梓行甫爾，紙爲之貴。再版時，續至南北朝末，上下千六百餘年，紀實傳信，體大思精，刊行以來，中外讀者，莫不推重，嘉新公司文化基金委員會以時論攸歸，因而致獎，識者僉以爲當。

新渠先生久典風憲，謇諤公忠，亮節著于柏臺，勳勤彰于邦國，近以退食餘晷，纂述自隋至清之使節，勒爲續編，將中國歷代行人考，全部完成，爲名山增巨製，與學海添洪流，豈僅饜讀者之望而已哉！至其體例編次，載筆著論，亦與前編，微有不同。蓋自隋以後之史局，除五代俶擾及宋與遼金先後對峙外，餘皆爲大一統之朝代，故其對外政策及行人作風，亦異于前古。良以隋一寰宇，車書萬里，國計之富，曠古無儔，遂勤遠略，展開其多元的外交。茲編首述長孫晟出使突厥，用間施惠，使其分為東西，俱來歸附，齊周以來之積恥，一朝盡雪。次述裴矩之招致西域，百國千城，莫不來賓。又記裴淸之使日本，常駿之使赤土（蘇門答剌），于以見隋之多元外交，非常成功。惟高麗自以夙奪遼東及漢魏在朝鮮所置之郡縣，恐隋問罪，始則聯陳以圖隋，陳亡則聯突厥，並積極備戰，致隋文一出碣石，煬帝三駕遼左，自是交涉之途已斷，非關行人無能也。

唐代長轡遠馭，聲教遐被，諸蕃共戴太宗為天可汗，太宗遂以四海一家之開明政策，統率百王，提攜落後諸邦。嘗謂：「朕在天下，四夷有不安？安之；有不樂？樂之；如蒼蠅之附驥尾，可日致千里。」故「諸蕃依唐，若父母然。」唐之行人，咸體「以大事小」之旨，布德柔遠，扶弱解紛，在外交上，極具氣魄，充分表現大國泱泱之風。茲編首述唐遣劉文靜聯突厥，僅假其聲勢，而不令胡騎入中原，最有遠見。次述陳大德使高麗，以好遊山水為詞，因得周訪隋末淪于高麗之戰士。餘若述王玄策之立功異域，以及奉使回紇吐蕃諸行人，或繫國家安危，或被留不屈，具見大唐聲威之盛，及諸行人之賢能忠貞。

談宋遼金之國際關係者，多昧于遼金之實力，而訾宋外交之巽懦。殊不知遼起臨潢，奄有大漠南北，服西域，滅渤海，威行萬里，其為北方之強，非匈奴突厥所能及；得燕雲十六州後，更移其軍事重心于塞內，實非北宋所能抗。女眞夙卽雄視東海，宋太祖建隆之際，曾來登州賣馬，眞宗天禧三年（一〇一九）以巨艦五十艘，出圖們江口，直航日本，由博多灣登陸，攻掠四十餘日，滿載而歸（見日本小右記及朝野羣載諸書）。其後屢擾高麗北境及東海岸，夷滅于山國（今韓國鬱林島），樓船縱横，洵海東雄邦。及其滅遼入汴，建都燕京，遂爲南宋巨患。故北宋不能拒遼，南宋力難抗金，所恃以爲國者，唯行人是賴。茲編于宋之行人，于北庭氣燄方張之際，折以正義，責其無理，終化干戈爲玉帛，使國力藉得蘇息，所存實大。更爲中夏爭正統，爲國家存體面，于一字之微（如易獻爲納），在所必爭，其老成謀國之苦心，與忠勇折衝之精神，洵外交家之型範。至對蒙蔽外交眞象，輕啓邊釁之戰犯，亦揭其罪行，以爲欺騙外交者戒。

元代地跨亞歐，威播八紘，振絕代之英聲，畢天下之能事，其行人在四大汗國及諸藩屬之活動，當極頻繁，惜史多失載耳。茲編述元之使趙良弼于日本，降公主于高麗，世爲甥舅之事蹟，及郝經奉使被留，可謂識其大者。明淸兩代梯航大通，撫藩柔遠，皇華四達，名見于史者，屈指難數。茲編于明代則表章鄭和之七次奉使，覃華夏聲教于南洋；于淸代則特述曾嗣侯之索還伊犂，李合肥之忠震扶桑，以明弱國更仗外交，爲全書之殿，意尤深遠。

新渠先生寢饋于諸史者，歷數十年，故能心入史中，神會古人，對諸使節之乘槎遠適，咨訪異域，持載書而舌戰，捧珠槃以爭衡，折衝尊俎之艱難，公忠謀國之苦心，皆能設身處地，一一掬實傳出，使讀者亦不自覺身落史後，而如身當其時，目覩其事，倍增親切眞實感。至其用千錘百煉之文字，描寫外交家之獨特思想、性格、心理、神態，與夫緊張關係之遭際，及旋轉乾坤之手腕，咸能刻畫逼眞，精采生動，饒有龍門風神，諸所論斷，亦皆意旨醇深，寄託悠遠，非斲輪老手，曷克臻此。

中華民國五十九年八月藍文徵序于臺中大度山。

五、續編自序

自本書再版增訂本發行後，海內外人士僉就書名歷代二字，勖余賡續寫作，卒成此書。顧病與年進，既有血壓高、糖尿二豎之困，五十五年，復因治風濕關節炎，服藥創胃，引致潰瘍，第六章之增設，已屬力疾從事；五十七年，又患攝護腺腫脹，馴至白內瘴開始，心臟冠狀動脈血管硬化，益憚執筆。

五十八年十二月，嘉新水泥公司文化基金會以「中國古代外交矩範以及行人傳記，在已有之中西出版物中，尚無完善之著作，此爲研究中國法制史及中國外交者，嘗引爲缺憾之一事。此著在方法、取材、及文字方面，均甚嚴謹，可彌補上述缺憾，應可促進其它學人繼續此項研究之興趣。」授優良著作獎四萬元。余遂倍覺有充實「歷代」之必要，並得搜集有關參考書籍。于今年元月鼓勇續寫，起隋唐迄清曾紀澤，殿以國民外交，閱六月完篇。適本年爲先君子百歲冥壽，而余亦年登七十，初不意叢病之身能完成斯作，更不意殺青時之屆先君子百齡也。

斯編單行，將稱中國歷代行人考續編，將來合訂時則稱中國歷代行人考三版增訂本。承藍孟博教授校閱，指點裴矩、裴清、常駿、王君政、韋節、杜行滿、陳大德及皇甫惟明之事，使隋、唐行人，益爲充實，多采多姿，續賜鴻序，獎譽有加，滋增慚恧！成委員惕軒仔細校勘，刋改筆誤卅餘處，均冒暑爲之，合併誌謝！羈旅海島廿餘年，唯茲益友，心儀神會，于以識文字因緣，的是人間一大事因緣，一等快事也。

中華民國五十九年八月漢陽黃寶實于臺灣臺中市之無媿吾齋

中國歷代行人考續編目錄

中國歷代行人考續編

第七章　隋唐時代之行人

第一節　隋唐之外患

第一目　隋之外患

元魏末業，平涼雜胡北部匈奴阿史那突厥漸強，敗鐵勒（其先匈奴），滅茹茹（亦作蠕蠕），西破挹怛，東走契丹，北方戎狄悉歸之，抗衡中夏。後與西魏聯師，入侵東魏，至于太原。至佗鉢可汗，控弦數十萬，周齊幷憚之，爭結姻好（周書列傳第一，皇后傳：「武帝阿史那皇后，突厥木杆可汗俟斤之女。突厥滅茹茹之後，盡有塞表之地，控弦數十萬，志陵中夏。太祖與齊人爭衡，結以爲援。俟斤初欲以女配帝，既而悔之……又許齊人以昏。高祖即位，前後累遣使要結，乃許歸后于我。」），傾府藏以事之。佗鉢遂驕。謂其下曰：「我在南方兩兒孝順，何患貧也！」佗鉢卒，其兄木杆可汗之子攝圖立，號沙鉢略可汗，勇而得衆，北夷皆歸附之。請昏于周，周宣帝以文帝子趙王招女千金公主妻之。及隋（公元五八〇—六一六年）文帝受禪，待之甚薄。攝圖曰：「我周家親也，今隋公自立而不能制，復何面目見賀可敦（猶后也，亦作可敦，指千金公主。）乎？」會營州刺史高寶寧作亂，遂與之合軍攻陷臨渝鎮，約諸面部落共謀南侵。文帝（公元五八〇—六〇四年）新立，重安輯，由是修築長城，發兵屯北境。（註）用長孫晟計，與和親，賜千金姓爲楊氏，改封大義公主，更以宗女封安義公主妻攝圖弟處羅侯子染干可汗爲啓民可汗。

安義公主卒，復以宗女義成公主（亦作城，楊諧女也。新唐書突厥傳）妻之。啓民深委誠心，入朝奉覲，隋室待以殊禮，榮數有加。煬帝（公元六〇五—六一六年）嘗幸所居，啓民奉觴上壽，跪伏甚恭，親刈穢草（煬帝大悅。賦詩曰「鹿塞鴻旗駐，龍庭翠輦迴。氈帳望風舉，穹廬向日開。呼韓頓顙至，屠耆接踵來，索辮擎羶肉，韋韝獻酒巵。何如漢天子？空上單于臺。」隋書突厥傳），及其子始畢可汗立，從俗尚義成公主。然大業十一年（公元六一五年）仍率其種落圍煬帝于鴈門。隋末離亂，中國人歸之者無數，遂大強盛，勢陵中夏（新唐書突厥傳稱其「控弦且百萬，戎狄熾强，古未有也。」），迎煬帝蕭皇后（後梁明帝蕭巋之女，性婉順，有智識，好學解屬文。見煬帝失德，心知不可，不敢厝言，爲述志賦以自寄，其文甚美。及煬帝幸江都，臣下離貳，宿衛者亦偶語謀反。人以白后，后曰「天下事一朝至此，勢已然，無可救也。何用言之，徒令帝憂煩耳！」及宇文化及之亂，隋軍至聊城。化及敗，沒于竇建德。突厥處羅（應作始畢）可汗遣使迎后于洺州，建德不敢留，遂入虜廷。貞觀四年（公元六三〇年）破滅突厥，乃以禮致之，歸于京師。隋書后妃傳）置于定襄。薛舉、竇建德、王世充、劉武周、梁師都、李軌、高開道之徒，雖僭尊號，皆北面稱臣，受其可汗之號，使者往來，相望于道也。（隋書突厥傳，並參考長孫晟傳。）

（註）文帝下詔曰：

「往者魏道衰敝，禍難相尋，周齊抗衡，分割諸夏，突厥之虜，俱通二國。周人東慮，恐齊好之深，齊氏西虞，懼周交之厚。謂虜意輕重，國逐安危。非彼並有大敵之憂，思減一邊之防；竭生民之力，供其來往，傾府庫之財，棄于沙漠，華夏之地，實爲勞擾。猶復劫剝烽戍，殺害吏民，無歲月而不有也，惡積禍盈，非止今日。

「朕受天明命，子育萬方，愍臣庶之勞，除既往之弊，以爲厚斂兆庶，多惠豺狼，未嘗感恩，資而爲賊，違天地之意，非帝王之道！節之以禮，不爲虛費，省徭薄賦，國用有餘。因入賊之物，加賜將士，息道路之民，務于耕織。淸邊制勝，成策在心。凶醜愚闇，未知深旨，將大定之日，比戰國之時，乘昔世之驕，結今時之恨。近者盡其巢窟，俱犯北邊，朕分置軍旅，所在邀截，望其深入，一舉滅之。而遠鎮偏師，逢而摧翦，未及南上，遽已奔北，應弦染鍔，過半不歸。……斯蓋上天所忿，驅就齊斧，幽明合契，今也其時。故選將治兵，贏糧聚甲，義士奮發，壯夫肆憤，願取名王之首，思撻單于之背，雲歸霧集，不可數也。東極滄海，西盡流沙，縱百勝之兵，橫萬里之衆，亘朔野之追躡，望天崖而一掃，此則王恢（漢武帝時人，建謀伐匈奴而不進，自殺。漢書韓安國傳）所說，『其猶射癰』；何敵能當，何遠不服？

「但皇王舊迹，北止幽都，荒遐之表，文教所棄。得其地不可得而居，得其民不忍皆殺。無勞兵革，遠規溟海。諸將今行，義兼含育，有降者納，有違者死。異域殊方，被其擁抑，放聽復舊，廣闢邊境，嚴治關塞，使其不敢南望。永服威刑，臥鼓息烽，暫勞終逸，義在斯乎？何用侍子之朝，寧勞渭橋之拜（用匈奴呼韓邪單于歸漢故事）！普告海內，知朕意焉。」

「于是以河間王弘，上柱國臣盧勣，竇榮定，左僕射高熲，右僕射虞慶則並為元帥，出塞擊之，沙鉢略率二可汗來拒戰，敗走遁去。」（隋書突厥傳）

按是詔「周人東慮，恐齊好之深：齊氏西虞，懼周交之厚。」與佗鉢可汗所云「我在南方兩兒孝順，何患貧也！」之語，情勢正符。而隋書長孫晟傳（列傳第十六）于攝圖與高寶寧合力南侵之時，稱「高祖新立，由是大懼」，蓋為誇張長孫晟之謀謨耳。

第二目　唐之外患

一　突　厥

唐（公元六一八—九〇五年）起太原，遣府司馬劉文靜聘于突厥與連和，始畢獻馬二千，兵五百來會。既平長安，遂恃功，使者每來多橫驕（隋書西突厥傳：「鴻臚寺有賓館」，以寓夷使，至唐而其制更備。唐書突厥傳上，武德二年（公元六一九年）始畢可汗死，帝（高祖）為發哀長樂門，詔「羣臣即館弔其使」。是吾國禮佑國賓，招攜懷遠之道，自來具足。何期清末，竟因深閉固拒，招致法英聯軍之禍！昧古而不知今，其愚眞不可及也。）。及頡利可汗立，常與其弟突利可汗連接並起之雄苑君璋、劉黑闥等歲內寇，一度薄渭橋，騎壒蒙京師，唐高祖（公元六一八—六二六年）至欲納衆議師大王故智「去長安以止戎心」，賴秦王諫沮而止。武德九年（公元六二六年），頡利自將十萬騎襲武功，京師戒嚴，並遣謀臣執失思力（後為唐右領軍大將軍。新唐書吐蕃傳）入朝以覘我。太宗（公元六二七—六四九年）責之曰：「我與可汗嘗面約和（事在武德七年），爾則背之。且義師之初，爾父子身從，我遺賜玉帛，多至不可計；何妄以兵入我都畿，自夸盛彊耶？」其後頡利，突利不睦，內相攻殘。太宗貞觀三年（公元六二九年）乃命李靖節度李世勣、柴紹、李道宗、李孝節、薛萬淑凡六總管，師十餘萬，大舉討之。突利與太宗有昆弟約（事在武德七年），遂來奔。頡利兵敗，亦為行軍副總管張寶相所禽，其國遂亡。觀于太宗之語羣臣：「往國家初定，太上皇以百姓故『奉突厥而臣之』，朕常痛心病首，思一刷恥于天下；今天誘諸將，所向輒克，朕其遂有成功乎！」則唐初「義師」，重賂突厥，得其助力，而其委屈臣事，亦正同于竇建德輩，是以太宗深恥之而有「幹父之蠱」之功也。（新唐書突厥傳）

二　吐　蕃

宋祁有言曰：「唐興，蠻夷更盛衰，嘗與中國亢衡者有四，突厥、吐蕃、回鶻、雲南是也。」（突厥傳序）突厥式微，吐蕃代興。吐蕃，西羌屬，即今西藏地方。貞觀八年，其酋弄贊勒兵二十萬寇松州，敗還；遣使謝罪，固請昏。十五年（公元六四一年），妻以宗女文成公主。二十二年，右衛率府長史王玄策使西域，爲中天竺所鈔，弄贊發精兵從玄策討破之。高宗（公元六五〇—六八三年）永徽初（公元六五〇年），弄贊死，無子，其孫立，相祿東贊專國，忿吐谷渾內附，破之。祿東贊死，其子欽陵、贊婆、悉多于、勃論兄弟並當國，歲入邊，破有諸羌羈縻十二州。咸亨元年（公元六七〇年），入殘羈縻十八州，安西四鎭（龜茲、敢沙、疏勒、焉耆謂之四鎭都督府，皆統于安西督護府。）並廢。以右衛大將軍薛仁貴爲邏婆道行軍大總管討之，並護吐谷渾還國，師凡十餘萬，王師敗績大非川。遂滅吐谷渾，盡有其地，比歲剽掠，中國騷然。贊普死，子器弩悉弄立，幼，欽陵復擅政，取劍南茂州西之安戎城，因併西洱河諸蠻，盡臣羊同、黨項諸羌，遂東接松、茂、嶲，南極婆羅門，西取四鎭，北抵突厥故壤，幅圖萬里，漢魏諸戎所無也。器弩悉弄既長，欲自得國，與欽陵相攻，欽陵兵潰自殺，贊婆款塞歸命。贊普器悉弩弄死，棄隸蹜贊立。

中宗（公元七〇五—七一〇年）景龍三年（公元七〇九年），吐蕃遣使求昏，帝以雍王守禮女爲金城公主妻之。帝憐主幼，悲涕歔欷，別之愴然。迨安祿山之亂，邊候空虛，吐蕃得乘隙暴掠。肅宗（公元七五六—七六二年）至德二年（公元七五七年），使使請討賊且修好，帝遣給事中南巨川報聘，然歲內侵；亦數使請和，帝雖審其譎，姑務紓患，乃詔宰相郭子儀、蕭華、裴遵慶等與盟。寶應元年（公元七六二年），陷臨洮，取秦、成、渭等州，留置使人散騎常侍李之芳、太子左庶子崔倫。三年，入大震關，取蘭、河、鄯、洮等州，隴右地盡亡；進圍涇州，入之，刺史高暉降。又破邠州，入奉天（唐行都，陝西乾縣），代宗（公元七六三—七七五年）幸陝。高暉導之入長安，立廣武王承宏為帝，改元，署百官，衣冠皆南奔荊襄，或逋棲山谷。亂兵因相攘鈔，道路梗閉。吐蕃留京師十五日乃走。永泰元年（公元七六五年），吐蕃又請和，詔宰相元載、杜鴻漸涖盟。而僕固懷恩叛，更為吐蕃謀主，導之與回紇、黨項、羌渾犯邊，衆二十萬至醴泉、奉天，掠醴泉居人數萬，焚室廬，田皆赤地。會懷恩死，吐、回爭長，回紇怒，詣郭子儀請擊吐蕃自效。

德宗（公元七八〇—八〇四年）即位，遣使歸其俘。建中二年（公元七八一年），詔殿中少監崔漢衡往使，贊普猥曰：「我與唐甥舅國，詔書乃用臣禮，卑我。」帝為均禮，以「獻」為「進」，「賜」為「寄」，「領取」為「領之」，浸浸與唐匹敵矣（後來北宋富弼使契丹，爭輸歲幣用語，正仿此。）。朱泚之亂，吐蕃請討賊，涇邠節度使渾瑊用吐蕃兵破賊武亭川。初與吐蕃約：「得長安，以涇、靈四州畀之。」泚平，責先約求地，帝薄其勞，不許。遂大掠涇、隴、邠、寧，游騎至好畤，鳳翔節度使李晟擊卻之。旋盟平涼，以渾瑊為會盟使，率師二萬赴，吐蕃欲刦之，瑊跳而免，從官或死或脫，被執者六十人，剽男女萬人以畀羌渾。將出塞，令東鄉辭國，衆痛哭，投塹谷死者千數，分捕山間亡人及牛羊率萬計，涇、隴、邠之民，蕩然盡矣。四年，吐蕃三萬騎略涇、邠、寧、慶、鄜五州之鄙，焚吏舍民閭，係執數萬，諸將不能得一俘，但望出塞而已。蓋唐自太宗平薛仁杲得隴上地，虜李軌得涼州，破吐谷渾、高昌開四鎮，玄宗（公元七一三—七五五年）繼收黃河、磧石、宛秀等軍，中國無斥候警者幾四十年；乾元（肅宗年號，公元七五八—七五九年）而後，隴右、劍南，西山三州，七軍鎮，監牧三百所皆失之。其後吐蕃政亂，盛兵內鬥，宣宗（公元八四七—八五九年）時，其酋恐熱奉素歸唐，遂復河湟。新唐書吐蕃傳。按杜甫諸將五首，其一首曰：「漢朝陵墓對南山，胡虜千秋尚入關，昨日玉魚蒙葬地，早時金盌出人間。見愁汗馬西戎逼，曾閃朱旗（錢牧齋箋：焚宮之煙焰，故曰「曾閃朱旗」。）北斗殷。多少財官守涇渭，將軍且莫破愁顏。」以盜陵焚宮形容吐蕃之殘暴。

三　回紇

回紇（德宗建中四年公元七八三年，易名回鶻。）者，其先匈奴也，臣于突厥。隋大業末，自立酋長。貞觀三年，始通唐來朝，太宗為置燕然都護府以統之。高宗龍朔中（公元六六二年），更號瀚海都護府。及突厥亂，其酋裴羅，自稱可汗，天子以為奉義王，居突厥故地，旋冊為懷仁可汗。玄宗天寶六載（公元七四七年），裴羅殺突厥白眉可汗，拓地愈廣，東極室韋，西金山，南控大漠，盡有古匈奴地。裴羅死，子磨延啜立，號葛勒可汗，剽悍善用兵，歲遣使入朝。肅宗即位，使使來請討安祿山，詔燉煌郡王承寀與約，令僕固懷恩送王。因召其兵。可汗喜，以可敦妹為女，妻承寀，遣渠領來請和親。帝欲固其心，即封虜女為毗伽公主。于是可汗自將與朔方節度使郭子儀合討同羅諸蕃，破之河上，與子儀會呼延谷。磨延啜恃其強，陳兵引子儀拜狼纛而後見。俄以太子葉護身將四千騎來，惟所命。帝命廣平王（即代宗）見葉護，約為昆弟。及安慶緒潰敗，棄東京北渡河，回紇大略東都三日（按李泌之對德宗，轉述虜使之語曰：「東收京師，約曰『土地人衆歸我，玉帛子女予回紇』。」則肅宗之不恤殘民乞援于回紇以靖亂，正猶高祖之屈己求助于突厥以傾隋也。），姦人導之，府庫窮殫。廣平王欲止不可，而耆老以繒錦萬疋賂回紇止不剽。葉護還京師，帝坐前殿，召葉護升階，席首領于下，宴且勞之，人人賜錦繡繪器，進封忠義王，歲給絹二萬疋（後來趙宋給契丹歲幣錦絹若干萬疋，正襲李唐故事。）。乾元元年（公元七五八年），使使請昏，帝以幼女寧國公主下降，冊磨延啜為英武威遠毗伽可汗，詔漢中郡王瑀攝御史大夫為冊命使，宗子右郎中巽兼御史中丞為禮會使，尚書右僕射裴冕送諸境

（可汗死，國人欲以公主殉，主不可，然從俗剺面哭。後以無子得還。其媵榮王女復爲英武可汗可敦，號小寧國云。），始發騎三千助討賊。二年，與九節度戰相州，王師潰，其帥奔京師，帝厚賜慰其意。

磨延啜死，次子移地健立，號牟羽可汗。代宗即位，以史朝義未滅，復遣使往結好，且發其兵。比使者至，回紇已爲朝義所訹，曰「唐荐有喪，國無主，且亂，請回紇入收府庫，其富不貲。」可汗即引兵南，寶應元年（公元七六二年）八月也。使人爲言先帝新棄天下，廣平王已即天子位，其仁聖英武類先帝，故與葉護收兩京，破安慶緒者。時回紇已踰三城，見州縣榛萊，烽障無守，有輕唐色。乃遣使收北單于府兵倉庫，稱兵十萬向塞。帝令僕固懷恩（牟羽妻父）與會；詔以雍王（即德宗）爲天下兵馬元帥（廣平王嘗居是職），進殿中監藥子昂兼御史中丞，與右羽林將軍魏琚爲左右廂兵馬使，中書舍人韋少華爲元帥判官（即今秘書長），御史中丞李進爲行軍司馬（即今軍法處長），東會回紇。時牟羽壁陝州北，雍王往見之，牟羽欲王舞蹈而不能，則引子昂、進、少華、琚榜之百，少華、琚一夕死。大軍以王見辱，將合誅回紇，王以賊未滅，止之。遂同擊賊，進收東都。可汗屯河陽，留三月，屯旁人困于剽辱。僕固瑒率回紇兵與史朝義挐戰，蹀血二千里，梟其首，河北悉平。初回紇之至東京也，放兵攘剽，人皆遁保聖善、白馬二祠浮屠避之。回紇怒，火浮屠，殺萬餘人。及是益橫，詬斬官吏，至以兵夜斫含光門，入鴻臚寺。時陝州節度使郭英乂留守東都，與魚朝恩及朔方軍驕肆，因回紇爲暴，亦掠汝、鄭間，鄉不完廬，蔽紙爲裳，虐于賊矣。

永泰初（公元七六五年），僕固懷恩反，誘回紇、吐蕃入寇。懷恩死，虜失謀主，回紇首領潛詣涇陽見郭子儀，請改事，乃合兵于靈臺，縱擊吐蕃，斬首五萬級，生禽萬人，獲馬槖它牛羊，收所係唐戶五千。回紇首領來朝，賜與不可計。回紇之留京師者，曹輩掠子女于市，引騎犯含光門，皇城皆闔。詔慰止，復出暴市物，奪長安令邵說馬，有司不敢何詰。自乾元後益負功，每納一馬，取直四十縑，歲以數萬求售，使者相躡，留舍鴻臚。駘弱不可用，帝厚賜以媿之，不知也。復以萬馬來，帝不忍重煩民，爲償六千。大曆十年（公元七七五年），回紇殺人橫道，京兆尹黎幹捕之，詔貸勿劾。又刺人東京，縛送萬年獄，首領刦取囚，殘獄吏去，都人厭苦。

按杜甫詩洗兵馬「京師皆騎血汗馬，回紇餵肉葡萄宮」，及留花門詩「北門天驕子，飽肉氣勇決，秋高馬肥健，挾矢射漢月。自古以爲患，詩人厭薄伐，修德使其來，羈縻固不絕。胡爲傾國至？出入暗金闕。（刺借兵回紇之不當）中原有驅除，隱忍用此物。公主歌黃鵠，君王指白日。（言肅宗以幼女寧國公主妻回紇，臨別悽愴。）連雲屯左輔，百里見積雪，長戟鳥休飛，哀笳曙幽咽。田家最恐懼，麥倒桑枝折。沙苑臨淸渭，泉香草豐潔。渡河不用船，千騎常撇烈。胡塵踰太行，雜種抵京室，花門既須留，原野轉蕭瑟。」（言一壞于安史，再壞于回紇。）兩詩皆規借兵之非計，而麥倒桑折，尤寫盡民間之被蹴。

德宗立，其宰相頓莫賀擊殺牟羽可汗自立，詔京兆尹源休持節册封爲武義成功可汗。後三年，使使貢方物，請和親，詔咸安公主下嫁，以嗣滕王湛然爲昏禮使，右僕射關播護送。咸安死于憲宗（公元八〇六—八二〇年）元和三年（公元八〇八年），歷四可汗，居回鶻凡二十一歲。穆宗（公元八二一—八二四年）立，回鶻崇德可汗遣其大臣公主來逆女，部渠二千人，納馬二萬，槖它千匹，夷之使中國，未嘗多此。詔許五百人至長安，餘留太原。詔以太和公主（憲宗女）下降。及裴度伐幽鎭，回鶻使渠將李義節以兵三千佐天子平河北，議者懲艾前患，不聽，兵已及豐州，厚賜乃去。敬宗（公元八二五—八二六年）即位之年（公元八二五年），崇德可汗死，其弟立，遣使册爲昭禮可汗，賜幣十二車。文宗（公元八二七—八四〇年）初（公元八二七年），又賜馬直絹五十萬。大和六年（公元八三二年），昭禮爲其下所殺，從子立，遣左驍衛將軍唐弘實與嗣澤王溶册爲彰信可汗，因亂自殺，繼立者亦被攻殺。武宗

（公元八四一—八四六年）即位（公元八四一年），以嗣澤王臨告，乃知其國飢且亂，可汗無歸，太和公主播越。振武節度使劉沔欲乘之，宰相李德裕以爲不可。太和公主亦遣使言烏介特勒已立，因請命；又其大臣表假振武居公主可汗，帝但遣使撫慰，輸糧三萬斛，不許假振武。烏介復遣使者藉兵，欲還故庭，且假天德城（即振武軍），帝仍不許。可汗恚，進略大同川，轉戰攻雲州。其部相率先後歸附，皆賜姓李氏，拜軍使副。邊將竟奉太和公主以還，募殺烏介，回鶻遂不振。（新唐書回紇傳）

第二節　隋之行人

隋文帝開皇九年（公元五八九年），併陳，一中國，結束三百年戰爭。海內雖無敵國，然平涼雜胡部落，異軍特起，雄于塞外。吾國向以華夏自居，于四裔種姓落後地區，蔑之爲蠻夷戎狄，不與同中國。曲學之士，更爲春秋立「尊王攘夷」之義，「內諸夏，外夷狄」；于是民族之鴻溝深，樊籬嚴。不知唐虞之世，修文德以來遠，舞干羽而格苗；興滅國，繼絕世爲夏（公元前二二〇五—一七六七年）商（公元前一七六六—一一二三年）周（公元前一一二二—二四七年）之一貫傳統；周穆王欲征犬戎，祭公謀父尚諫以「先王耀德不觀兵」（史記周本紀）；傳美管仲弭左衽，亦與魏絳和戎翟：實爲孔子大同思想及其後儒家所宗奉之王道哲學之所本。孟子曰：「惟仁者爲能以大事小」，又曰：「以大事小者，樂天者也」（梁惠王下）。從知「攘夷」云者，係後儒駕誣之說，甚不衷于聖道。是以

「大王居邠，狄人侵之。事之以皮幣，不得免焉，事之以犬馬，不能免焉，事之以珠玉，不得免

焉。乃屬其耆老而告之。曰『狄之所欲者吾土地也！吾聞之也，君子不以其所養人者害人，二三子何患乎無君？我將去之。』去邠，踰梁山，邑于岐山之下居焉。邠人曰：『仁人也，不可失也！』從之者如歸市。」孟子梁惠王下

大王之去邠，殊無異于卅餘年來國人所詬病之「不抵抗主義」，成敗異數，毀譽相反者，豈不以大王興仁，其子泰伯、虞仲興讓，及其孫文王「四世纍善，修德行義」淮南子要略，以光美前業有奕世之休耶？周初「戎狄是膺，荊舒是懲」詩魯頌閟宮，然而伊洛之間，戎狄是宅，結爲姻好。史記周本紀：「后稷卒，子不窋立。不窋末年，夏后氏政衰，去稷不務，不窋以失其官而奔戎翟之間。不窋卒，子鞠立，鞠卒，子公劉立。公劉雖在戎翟之間，復修后稷之業。」「公劉卒，子慶節立，國于豳(同邠)」再八傳至古公亶父「復修后稷公劉之業，積德行義，國人皆戴之。燕脅戎狄攻之……遂去豳。」是周之先人有十二世居戎狄也。周襄王(公元前六五一—六二四年)十五年納翟后，旋絀之。及叔帶僭立爲王，「取襄王所絀翟后與居溫。」是周天王有翟后也。又晉世家：獻公二十二年「重耳(晉文公)遂奔狄，狄，其母家也。狄伐咎如，得二女。以季隗妻重耳，叔隗妻趙衰(後爲晉卿)。」則諸侯及卿，亦有狄夫人也。戰國之時，燕趙競起障塞，秦則長城以範之，重兵以戍之。迨劉敬和親之議行，遂爲歷代御戎長策，秦皇漢武之不恤窮民殫財以力征經營者，徒貽後世以窮兵黷武之譏耳。及晉，戎狄雜處，肇致永嘉之禍。夫關中之戎，猶伊洛之戎也，犬戎弒幽王公元前七七一年，「遂取周之地，鹵獲而居于涇渭之間，侵暴中國。」漢書匈奴傳上狄伐衞，殺好鶴之懿公公元前六五八年，戎翟伐襄王公元前六四九年，「于是戎翟或居于陸渾，東至于衞。」漢書匈奴傳上與五胡亂中國，厥禍惟均。而論者猶謂周得御戎上策宋祁云：「劉貺以爲嚴尤辨而未詳，班固詳而未盡。擢其至當，周得上策，秦得其中，漢无策。」新唐書突厥傳敍，豈以平王公元前七七〇—七二〇年之遷雒，方之大王之去邠公元前一三二七年，爲亦得「以大事小」之意者也？

「以大事小」之道，莫尚乎和親。狄后、狄夫人已著春秋時代。若帝女或宗女之遠適夷狄，則倡

自劉敬。劉敬卽婁敬，齊人，以建言漢（公元前二〇六—公元八年）高帝（公元前二〇六—一九五年）都關中，賜姓劉。曾使匈奴，覘其匿壯示羸爲見短伏奇之計爲不可擊。高帝既罷平城（漢七年公元前二〇〇年）歸，韓王信亡入胡。是時匈奴冒頓單于彊，控弦三十萬，數苦邊，上患之，問劉敬。敬曰：「天下初定，士卒罷于兵，未可以武服也；冒頓殺父代立，妻其羣母，以力爲威，未可以仁義說也；獨可以計久遠，子孫爲臣耳，然恐陛下不能爲。上曰：『誠可，何爲不能！顧爲奈何？』對曰：『陛下誠能以適（通嫡）長公主妻之，厚奉遺之，彼知漢適女，送厚，蠻夷必慕。以爲閼氏，生子必爲太子，代單于。何者？貪漢重幣。陛下時以歲時漢所餘彼所鮮，數問遺，因使辯士風諭以禮節，冒頓在，固爲子壻；死則外孫爲單于，豈嘗聞外孫敢與大父抗禮者哉？兵可無戰以漸臣也。若陛下不能遣長公主，而令宗室後宮詐稱公主，彼亦知，不肯貴近，無益也。』……上竟不能遣長公主，而取家人子名爲長公主妻單于，使劉敬往結和親約。」（史記列傳第三十九劉敬傳。參考拙著侏儒類稿卷二考證36劉敬和親策）此卽劉敬和親策，凡武力不可服，仁義不可說者，「獨可以計久遠子孫爲臣」也，漢、北周、及隋唐皆踵循之，于中華民族血統之混成暨文化之流布，殊著績效。茲著漢唐公主和親表爲附錄。

漢唐公主或後宮良家子和親表

據漢書本紀及匈奴傳西域傳，北周書隋書及新舊唐書突厥傳，新唐書、吐蕃、回紇、契丹、奚、吐谷渾傳。

朝代	年代	公主（或後宮良家子）名籍	尚主者	備註
漢	高皇帝九年公元前一九八年	宗室女翁主	匈奴冒頓單于	使劉敬奉宗室女翁主爲單于閼氏，約爲兄弟以和親。（師古曰：「諸王女曰翁主者，言其父自主婚。」）
	孝惠帝三年公元前一九二年	宗室女翁主	同前	高皇帝崩，冒頓移高皇后書：「陛下獨立，孤僨獨居，兩主不樂，無以自虞（同娛），願以所有，易其所無。」所謂嫚書是也。后乃令大謁者（卽大行人）張澤報書：「單于不忘敝邑，賜之以書，敝邑恐懼！退自圖思，年老氣衰，髮齒墮落，行步失度；單于過聽，不足以自汙。敝邑無罪，宜在見赦！竊有御車二乘，馬二駟，以奉常駕。」冒頓得書，謝罪獻馬，遂和親。
	孝文帝六年公元前一七四年	宗人女翁主	匈奴老上單于	使宦者中行說傅翁主，說不欲行，強使之。說曰：「必我也，爲漢患者！」中行說既至

，因降單于，敎之抗漢爲邊患，孝文後二年（公元前一六二年）始和親。次年，老上單于死，子軍臣單于立，中行說復事之，漢復與匈奴和親。軍臣立歲餘，匈奴復絕和親，大入，烽火通于甘泉、長安。後六年，詔周亞夫屯細柳以備之，皆中行說爲之祟也。

孝景帝元年公元前一五六年	家人女翁主	匈奴軍臣單于

遣御史大夫陶青至代下，與匈奴和親，通關市，給遺單于。

孝武帝元封六年公元前一〇五年	細君公主（江都王建女）	一、烏孫昆莫（莫亦作彌）獵驕靡

此卽張騫建言所謂「斷匈奴右臂」一策之實施。烏孫以馬千匹聘。以細君爲公主，賜乘輿服御物，爲備官屬，宦官侍御數百，贈送甚盛，烏孫以爲右夫人。匈奴亦遣妻獵驕靡，昆莫以爲左夫人。公主至其國，自治宮室居，歲時一再與昆莫會，置酒飲食。以幣帛賜王左右貴人。昆莫年老，語言不通，公主悲愁，自爲歌曰：「吾家嫁我兮天一方，遠託異國兮烏孫王，穹廬爲室兮心內傷，願爲黃鵠兮歸故鄉。」天子聞而憐之，歲遣使者持帷帳錦繡遺給焉。

			二、獵驕靡孫岑陬軍須靡	昆莫欲使其孫岑陬（官名，太子之子。）軍須靡尚公主，公主不聽，上書言狀。天子報曰：「從其國俗。」欲與烏孫共滅胡。岑陬遂妻公主，生一女少夫。
	未詳	解憂公主（楚元王戊孫女）	一、烏孫昆彌軍須靡	獵驕靡死，軍須靡立爲昆彌。細君死，漢復以楚元王戊孫解憂爲公主妻之。軍須靡且死，胡婦子泥靡尚小，以國與季父大祿子翁歸靡。曰：「泥靡大，以國歸之。」
			二、烏孫昆彌翁歸靡	翁歸靡既立，號肥王，復尚楚主解憂，生三男二女，長曰元貴靡，次曰萬年，爲莎車王，次曰大樂，爲左大將，長女弟史爲龜茲王絳賓妻，小女素光爲若呼翕侯妻。昭帝時，公主上書言匈奴與車師爲一，共侵烏孫，唯天子幸救之。漢養士馬，議欲擊匈奴，會昭帝崩。宣帝初卽位，公主及昆彌皆遣使上書，言匈奴復連發大兵，侵擊烏孫，取車延惡師地，收人民去，使使謂烏孫趣持公主來，欲隔絕漢。昆彌願發國半精兵自給，人馬五

孝宣帝元康二年公元前六四年

三、烏孫昆彌泥靡

萬騎，盡力擊匈奴，唯天子出兵救公主昆彌。漢大發關東輕銳士，遣御史大夫田廣明爲祁連將軍，四萬餘騎出河西，度遼將軍范友明三萬餘騎出張掖，前將軍韓增三萬餘騎出雲中，後將軍趙充國爲蒲類將軍，三萬餘騎出酒泉，雲中太守田順爲虎牙將軍，三萬餘騎出五原，凡五將軍，兵十餘萬騎出塞，各二千餘里。遣校尉常惠使持節護烏孫兵。昆彌自將翕侯以下五萬騎，從西方入，獲單于父行及嫂居次、名王犂汗、都尉、千長、騎將以下四萬級，馬牛羊驢橐駝七十餘萬頭，封常惠爲長羅侯，是歲本始三年（公元前七一年）也。

元康二年，翕歸靡死，烏孫貴人共從本約立泥靡爲昆彌，號狂王。解憂與肥王所生長子元貴靡不得立，漢所降解憂弟子相夫公主妻元貴靡者，亦行至燉煌還。狂王復尚楚主解憂，生一男鴟靡，不與主和，暴惡失衆，肥王翕歸靡胡婦子烏就屠襲殺之。宣帝遣楚主侍

				者馮嫽，常持漢節爲公主使，行賞賜于城郭諸國，號曰馮夫人者，立元貴靡爲大昆彌，烏就屠爲小昆彌。大昆彌戶六萬餘，小昆彌戶四萬餘，皆給印綬。元貴靡，鴟靡皆病死。公主上書言年老土思，願得歸骸骨葬漢地，天子閔而迎之。公主與烏孫男女三人，俱來至京師，是歲甘露三年（公元前五一年）也。時年且七十，賜以公主田宅奴婢，奉養甚厚，朝見儀比公主，後二歲卒，三孫因留守墳墓云。
	孝元帝竟寧元年公元前三三年	王嬙（後宮良家子）	一、匈奴呼韓邪單于 二、匈奴復株絫若鞮單于	字昭君，秭歸人，漢元帝宮女。竟寧元年，呼韓邪單于自歸于漢，元帝以賜之，號寧胡閼氏。生一男伊屠智牙師，爲右日逐王。 呼韓邪死，大閼氏子雕陶莫皐立爲復株絫若鞮單于，復妻王昭君。生二女，長女須卜居次，小女富于居次。平帝元始四年（公元前四年），王莽秉政，風令烏珠留若鞮單于呼韓邪子囊知牙斯，遣昭君與雕陶莫皐所生長女須卜居次入侍太皇太后，所以賞賜之者甚厚。

西魏	文帝大統十七年梁簡文帝天正元年公元五五一年	長樂公主	突厥伊利可汗	突厥始爲茹茹鐵工，及稍盛，擊破鐵勒，求婚茹茹。茹茹曰：「爾是我鍛奴，何敢發是言？」乃求婚于西魏。時宇文泰（北周太祖文帝）當國，以魏長樂公主妻之。
北周	宣帝大象元年陳宣帝太建十一年公元五七九年	千金公主（文帝子趙王招女）	一、突厥沙鉢略可汗（攝圖可汗） 二、突厥都藍可汗（攝圖弟處羅侯）	北周滅北齊（公元五七七年），沙鉢略（北周書突厥傳作佗鉢。按佗鉢在魏始分東西周齊抗衡之時，玆據隋書突厥傳作沙鉢略。）立齊定州刺史范陽王高紹義爲齊帝，集所部云爲之報讎。六月，宣帝遂冊趙王招女爲千金公主嫁之。遂遣使諭執紹義送闕，沙鉢略不奉詔。大象二年，始遣使奉獻，且逆公主，而仍留紹義不遣，帝又令賀若誼往諭，始送紹義（按隋書列傳第四賀若誼傳：「高紹義之奔突厥也，誼兵追之，戰於馬邑，遂禽紹義。」）。及隋代北周，聯結高寶寧爲邊患。文帝新立，欲休息百姓，賜周千金公主姓楊氏，編之屬籍，改封大義公主。平陳之後，文帝以陳叔寶屏風賜大義公主，主因爲詩，敍陳亡自寄。帝下詔廢黜之，恐都藍不從，遣奇章公牛弘將美妓四人，以啖

				之。攝圖子染干，號突利可汗遣使求婚，上令裴矩諭之曰：「當殺大義主者，方許婚。」突利以爲然，復譖之都藍，因發怒，遂殺公主于帳（隋書突厥傳）。是處羅侯繼其兄沙鉢略（攝圖）爲可汗，續尚千金（大義）公主也。
隋	文帝開皇十七年公元五九七年	宗女安義公主	突利可汗（即意利珍豆啓民可汗，華言意智健也。）	
	開皇十八或十九年	宗女義成公主	一、啓民可汗	安義公主卒，上以宗女義成公主妻之，義成，楊諧女也。
			二、始畢可汗	始畢可汗，啓民可汗子也，從俗尚義成公主。武德二年（公元六一九年）二月，始畢卒，其子什鉢苾年幼不堪嗣位，立爲泥步設，弟俟利弗
			三、處羅可汗	立爲處羅可汗，又「以隋義成公主爲妻。」（舊唐書突厥傳）
			四、頡利可汗	武德三年六月，處羅卒，弟咄苾立爲頡利可汗，啓民可汗第三子也，又納義成公主爲妻。新唐書突厥傳，亦有「處羅復妻隋義成公

				主」及「頡利又妻義成」之紀載。
	未　詳	淮南公主	突利可汗（始畢子什鉢苾）	突利初爲泥步設（設即領兵者），得隋淮南公主以爲妻。新唐書突厥傳
唐	太宗貞觀十四年公元六四〇年	宗室女弘化公主	吐谷渾烏也拔勒可汗諾曷鉢	吐谷渾諾曷鉢請昏，乃以宗室女爲弘化公主妻之，詔淮陽郡王道明及右武衛將軍慕容寶持節送公主。道明坐漏言主非帝女，奪王，終鄆州刺史。
	貞觀十五年	宗女文成公主	吐蕃贊普棄宗弄贊	貞觀十五年。以宗女文成公主妻弄贊，詔江夏王道宗持節護送，築館河源。王之國，弄贊率兵次柏海親迎，見道宗執壻禮恭甚。覩中國服飾之美，縮縮媿沮。歸國，以其先未有昏帝女者，乃爲公主築一城以夸後世，遂立宮室以居。公主惡國人赭面，弄贊下令國中禁之。自褫氈罽，襲紈綃爲華風，遣諸豪子弟入國學習詩書，又請儒者典書疏。帝伐遼還，製黃金爲鵝以獻，其高七尺，中實酒三斛。二十二年，右衛率府長史王玄策使西

			域，爲中天竺所鈔，弄贊發精兵從玄策討破之，來獻俘。又請蠶種酒人與碾磑等諸工，詔許。高宗永隆元年（公元六八〇年），文成公主薨。
貞觀十八年	琅邪公主外孫	吐蕃相祿東贊	宗室出女也。
高宗永徽元年 公元六五〇年	宗室女金城縣主	吐谷渾左領軍衛大將軍蘇度摸末	弘化公主表請入朝，遣左驍衛將軍鮮于匡濟迎之。十一月，公主及諸曷鉢至京師，帝又以宗室女金城縣主妻其長子蘇度摸末，拜左領軍衛大將軍。
未詳	宗室女金明縣主	吐谷渾右武衛大將軍梁漢王闥盧摸末	久之，蘇度摸末死，弘化公主次子右武衛大將軍梁漢王闥盧摸末來請昏，帝以宗室女金明縣主妻之。
中宗景龍三年 公元七〇九年	帝養女金城公主（雍王守禮女，舊唐書作宗禮）	吐蕃贊普棄隸蹜贊	景龍三年，吐蕃遣使者納貢，祖母可敦又遣宗俄請昏，帝以雍王守禮女爲金城公主妻之。帝念主幼，賜錦繒別數萬，雜伎諸工悉從，給龜茲樂，詔左衛大將軍楊矩持節送，帝爲幸始平帳飲，引羣臣及虜使者宴酒所，帝

			悲渧歔欷，爲赦始平縣，罪死皆免，賜民繇賦一年。改縣爲金城，鄉曰鳳池，里曰愴別。公主至吐蕃，自築城以居，拜矩鄯州都督。吐蕃厚餉矩，請河西九曲爲公主湯沐，矩表與其地。開元十四年（公元七二六年），請五經，敕秘書寫賜，並遣工部尚書李暠往聘，賜物萬計。天寶二十六年（公元七三八年），金城公主薨。
玄宗開元元年 公元七一三年	蜀王女南和縣主	突厥默啜可汗	武后長安三年（公元七〇三年），突厥遣使者請進女女皇太子子，許之。中宗始卽位（公元七〇五年），入攻鳴沙，靈武大總管沙吒忠義與戰不勝，死者幾萬人，詔絕昏。默啜復殺我行人鴻臚卿臧思言，詔左屯衛大將軍張仁亶，爲朔方道大總管屯邊，築受降城。睿宗初立（公元七一〇年），默啜又請和親，詔取宋王成器女爲金山公主下嫁，會左羽林大將軍孫佺等與奚戰冷陘，爲奚所執，獻諸默啜，默啜殺之。玄宗立，絕和親。默啜乃遣子入宿衛，固求昏，以蜀王女南和縣主妻之。

開元三年	固安公主（宗室出女辛）	一、奚饒樂郡王李大酺	開元二年，奚酋李大酺使奧蘇悔落丐降，封饒樂郡王，詔宗室出女辛爲固安公主妻大酺。明年，身入朝，成昏。詔領軍將軍李濟持節護送。
開元六年		二、奚饒樂郡王魯蘇（大酺弟）	六年，大酺與契丹可突于鬥死，弟魯蘇領其部，襲王。牙官塞默羯謀叛，公主置酒誘殺之。帝嘉其功，賜主累萬。後與其母相告訐得罪；更以盛安公主之女韋爲東光公主妻魯蘇。九年，可突于脅奚衆幷附突厥，魯蘇不能制，奔榆關，東光公主奔平盧。
	東光公主（盛安公主女韋）	奚饒樂王魯蘇	
開元二十一年	宜芳公主（宗室出女楊）	奚饒樂都督懷信王李延寵	信安王褘大破奚、契丹之次年，奚酋李詩死，子延寵嗣，與契丹又叛，爲幽守張守珪所困，復降。拜饒樂都督懷信王，以宗室出女楊爲宜芳公主妻之。延寵殺公主，復叛。
玄宗開元四年 公元七一六年	永樂公主（東平王外孫楊元嗣女）	一、契丹松漠郡王失活	開元二年，契丹都督失活來歸，後二年，失活與奚長李大酺皆來，詔復置松漠府，以失活爲都督，封松漠郡王。詔將軍薛泰爲押蕃

			落使，督軍鎮撫，以東平王外孫楊元嗣女爲永樂公主妻失活。
開元五年		二、契丹松漠郡王娑固	明年，失活死，以其弟中郎將娑固襲封及所領。明年，娑固與公主來朝，宴賚有加。
開元六年	燕郡公主（宗室所出女慕容）	一、契丹松漠郡王鬱于	有可突于者反，攻殺娑固及奚君長李大酺，奉娑固從父弟鬱于爲君，遣使者謝罪，玄宗即拜鬱于爲松漠郡王，赦可突于。鬱于來朝，以宗室所出女慕容爲燕郡公主妻之。
		二、契丹遼陽郡王吐于	鬱于死，弟吐于嗣，與可突于有隙，不能定其下，攜公主來奔，封遼陽郡王。
開元七年	東華公主（宗室出女陳）	契丹廣化郡王邵固	可突于奉邵固統衆，詔許襲王。天子封禪，邵固從行在。明年，徙王廣化郡，以宗室出女陳爲東華公主妻邵固。九年，可突于殺邵固，立屈烈爲王，脅奚衆共降突厥。公主走平盧軍（與東光公主同）。

天寶四載公元七四五年	靜樂公主（宗室出女獨孤）	契丹松漠都督崇順王李懷秀	開元二十五年，張守珪再破契丹，天寶四載，大酋李懷秀降，拜松漠都督，封崇順王，以宗室出女獨孤爲靜樂公主妻之。是歲，殺公主，叛去（與宜芳公主同）。
肅宗乾元元年公元七八五年	寧國公主（帝幼女）	回紇磨延啜英武威遠毗伽可汗	回紇使使請昏，許之。帝以幼女寧國公主下嫁，冊磨延啜爲武英威遠毗伽可汗，詔漢中郡王瑀攝御史大夫爲冊命使，宗子郎中巽兼御史中丞爲禮會使，並以副瑀，尚書右僕射裴冕送諸境。帝餞公主，因幸咸陽，數尉勉。主泣曰：「國方多事，死不恨！」明年，可汗死，國人欲以公主殉。主曰：「中國人婿死，朝夕臨，喪期三年，此終禮也。回紇萬里結昏，本慕中國，吾不可以殉。」乃止，然從俗剺面哭，後以無子得還。
	少寧國公主（榮王女）	回鶻英武可汗英義可汗	主，榮王女也。始寧國下嫁，又以媵之。寧國後歸，因留回鶻中爲可敦，歷配英武、英義（即牟羽可汗，磨延啜次子移地健。）二可汗，至天親可汗時始居

德宗建中四年公元七八三年	咸安公主	一、回鶻頓莫賀汨咄祿長壽天親毗伽可汗	外。其配英義生二子，皆爲天親所殺。頓莫賀既殺牟羽可汗（德宗爲雍王兼大元帥時，嘗欲德宗舞蹈見之者。）獻方物，請和親，詔咸安公主下嫁。帝又盡建咸安公主官屬視親王府，以嗣滕王湛然爲昏禮使，右僕射關播護送，冊頓莫賀爲汨咄祿長壽天親毗伽可汗。憲宗元和三年（公元八〇八年），回鶻來告咸安公主喪。主歷四可汗，居回鶻凡二十一歲。
貞元五年公元七八九年		二、忠貞可汗（天親子多羅斯）	
貞元十一年		三、忠貞相骨咄祿懷信可汗	
永貞元年公元八〇五年		四、懷信嗣野合俱錄毗伽可汗	永貞元年，懷信可汗死，冊所嗣爲滕里野合俱錄毗伽可汗。
穆宗長慶元年公元八二一年	太和公主（宗室女）	一、回鶻崇德可汗	穆宗立，回鶻又使來固求昏，許之。俄而可汗死，使者臨冊所嗣爲登囉羽錄沒蜜施句主毗伽崇德可汗，以太和公主下降，主，憲宗女也。帝爲主建府，以左金吾衛大將軍胡證，光祿卿李憲持節護送，太府卿李說爲昏禮使，冊主爲仁孝端麗明智上壽可敦，告于廟，天子御通化門餞主，羣臣班辭于道。

武宗會昌元年	公元八四一年		二、回鶻烏介可汗	回鶻亂，可汗爭立，于是烏介特勒爲可汗，封主南度磧，大臣表假振武居公主可汗，可汗復遣使者藉兵，且假天德城（卽振武軍），帝不許。會昌二年，天德行營副使石雄料勁騎擊破烏介，雄遇公主，奉主還。

右表漢、西魏、北周、隋、唐公主和親者凡三十人，分析如下：

一、漢高、文、景、武帝，隋文帝及唐貞觀、開元國力鼎盛之際，皆行劉敬「計久遠子孫爲臣」之策，蓋深得「以大事小」之道者也。

二、就中後宮良家子一人——王昭君；宗室女十八；宗室出女九，帝女二人，寧國、太和公主。

三、被殺害者二人——宜芳、靜樂公主。

四、歸漢者四人——解憂、燕郡、寧國、太和公主。

五、從俗再配者七人，王昭君、細君、千金（卽大義）、固安、永樂、燕郡、太和公主；三配者一人，解憂；四配者二人，義成、咸安。

六、護罪譴者二人——千金、固安公主。

七、文成、金城二公主漢化吐蕃之影響力最大，西藏有文成公主廟。據故蒙藏委員會委員長吳禮卿云，至今西藏地方戲劇，多有取材文成故實者。

註：後世唯元世祖以女忽都揭里迷失公主（齊國大長公主）降高麗王王禃世子諶，諶世子源尙晉王甘麻剌女寶塔實憐公主，源第二子燾嗣王，尙營王女亦憐眞八剌公主，燾世子禎尙諸王焦八女德甯公主，禎弟祺嗣王，復尙魯國公主。蓋高麗之于元，四代之中，五尙元朝公主，世爲甥舅之國，奉元正朔，朝貢頻仍，前世所未見也。新元史高麗傳

第一目　長孫晟十一使突厥

長孫晟（公元五五〇—六〇八年）者，河南雒陽人也。性通敏，略涉書記，善彈工射，趫捷過人。年十八以蔭仕周爲司衛上士。宣帝（公元五七八—五七九年）時，突厥攝圖可汗請昏于周，以趙王招女妻之。周與攝圖各相誇競，妙選驍勇以充使者，因遣晟副汝南公宇文神慶送千金公主至牙（一使）。前後使人數十輩，攝圖多不禮，見晟而獨愛焉。每共遊獵，留之竟歲。嘗有二鵰飛而爭肉，因以兩箭與晟。曰，請射取之。晟彎弓馳往，遇鵰相攫，遂一發而兩貫焉。命諸子弟貴人皆相親友，冀昵近之以學彈射。其弟處羅侯，號突利設（典兵者曰設，位次可汗。新唐書突厥傳），得衆心，爲攝圖所忌，密托心腹，陰與晟盟。晟與之遊獵，因察知山川形勢，部衆強弱。時隋文帝作相，晟以狀白之，大喜，遷奉車都尉。開皇元年（公元五八〇年），攝圖曰：「我周家親也，今隋公自立而不能制，復何面目見可賀敦乎」？因與高寶寧攻陷臨渝鎮，約諸面部落謀南侵。高祖新立，由是大懼，修長城，發兵屯北境以備。晟先知攝圖、玷厥、阿波、突利等，叔姪兄弟各統強兵，俱號可汗，分居四面，內懷猜忌，外示和同，難以力征，易可離間。因上書曰：

「臣于周末，忝充外使，匈奴倚伏，實所具知。玷厥之于攝圖，兵強而位下。外名相屬，內隙已彰，鼓動其情，必將自戰。又處羅侯者，攝圖之弟，姦多而勢弱，曲取于衆心，國人愛之，因爲攝圖所忌；其心殊不自安，迹示彌縫，實懷疑懼。又阿波首鼠，介在其間。頗畏攝圖，受其牽率，唯強是與，未有定心。今宜遠交而近攻，離強而合弱，通使玷厥，說合阿波，則攝圖迴兵，自防右地。又引處羅，遣連奚、霫，則攝圖分衆，還備左方。首尾猜疑，腹心離阻，十數年後，承釁討之，必可一舉而空其國矣。」

上省表大悅。二年，突厥大入，晟縱間，于是阿波、玷厥（亦稱達頭）相次歸順，與攝圖相攻，攝圖勢絀，遣使朝貢，公主自請改姓爲帝女。四年，遣晟副尚書右僕射虞慶則使于攝圖（二使），賜公主姓爲楊氏，改封大義公主。攝圖奉詔不肯起拜。晟進曰：「突厥與隋俱是大國天子，可汗不起，安敢違意。但可賀敦爲帝女，則可汗是大隋女壻；奈何無禮，不敬婦公乎？」攝圖乃笑，謂其達官曰：「須拜婦公，我從之耳。」于是乃拜詔書。七年，攝圖死，遣晟持節拜其弟處羅侯爲莫何（亦作莫緣）可汗（三使），復尙大義主。八年，處羅侯死，遣晟往弔（四使）。十三年，流人楊欽亡入突厥，詐言彭城公劉昶共宇文氏女欲反隋，公主及雍閭（處羅侯子亦稱都藍）信之，乃不修職貢。又遣晟出使微觀察焉（五使）。晟回，具奏公主遣所私胡人安遂迦共欽計議，扇惑雍閭狀。又遣晟索欽（六使）。雍閭欲勿與，稱客內無此人。晟廉知欽所在，夜掩護之，以示雍閭，因發公主私事，國人大恥。雍閭執遂迦、欽並以付晟。上大喜，仍令入蕃涖殺大義公主七使。平陳之後，上以陳叔寶屏風賜大義公主，公主心恆不平，因書屏風爲詩敍陳亡自寄。其詩曰：「盛衰等朝暮，世道若浮萍，榮華實難守，池臺終自平。富貴今何在？空自寫丹青！盃酒恆無樂，弦歌詎有聲？余本皇家子，飄流入虜庭，一朝覩成敗，懷抱忽縱橫。

古來共如此，非我獨申名。惟有明君曲，偏傷遠嫁情。」上聞而大惡之。隋書突厥傳。雍閭又表請昏。晟奏「雍閭反覆無信，特共玷厥有隙，所以依倚國家，縱與爲昏，終當必叛。今若得尚主，承藉威靈，玷厥、染干必受其徵發，強而更反，後恐難圖。且染干者，處羅侯子也，素有誠款，于今兩代，臣前與相見，亦乞通昏，不如許之，招令南徙，兵少力弱，易爲撫馴，使敵雍閭，以爲邊捍。」上善之，又遣慰喻染干尙公主八使，以宗女封安義公主以妻之，尋以染干爲啓民可汗。十九年，雍閭復共玷厥同盟，合力掩襲染干，染干敗績，部落亡散，晟與染干獨以五騎南，馳驛入朝，尋于朔州長城以內築大利城以處染干。安義公主死，晟持節送義成公主以妻之九使。二十年，雍閭爲其部下所殺。仁壽三年公元六〇三年玷厥衆大潰，西奔吐谷渾，晟送染干安置于磧口十使。煬帝大業三年公元六〇七年，煬帝幸榆林，欲出塞外，陳兵耀武，經突厥中，指于涿郡。仍恐染干驚懼，先遣晟往喻旨，稱述帝意，染干聽之十一使。因召所部諸國奚、霫、室韋等種落數十酋長咸萃。晟以牙中草穢，欲令染干親除之，示諸部落，以明威重。乃指帳前草曰：「此根大香。」染干遽嗅之，曰，「殊不香也。」晟曰：「天子所幸，所在諸侯，躬親灑掃，耘除御路，以表至敬之心。今牙中蕪穢，謂是留香草耳。」染干乃悟曰：「奴罪過！奴之骨肉，皆天子賜也。賴將軍開皇末，晟部領降人爲秦川行軍總管，故染干稱爲將軍。恩澤而教導之，將軍之惠，奴之幸也！」遂拔所佩刀，親自芟草，其貴人及諸部爭效之。乃發榆林北境至其牙，又東達于薊，長三千里，廣百步，舉國就役而開御道。隋書列傳第五十一長孫晟傳

長孫晟夙諳突厥情實，得其信賴，以是「威行域外」晟傳語，啓民入朝。方之杜杲八聘陳，猶加三次，可謂前無古人矣。爲行人者，可不知夫彼乎？周知四國之爲

第二目　崔君肅說降西突厥

西突厥者，突厥木杆可汗之子大羅便所建之部落也。大羅便與沙鉢略可汗（即攝圖）有隙，因分爲二。大羅便爲處羅侯（攝圖弟）所執，其國立鞅素特勒（特勒猶清貝勒）之子，是爲泥利可汗。卒，子達漫立，號泥撅處羅可汗。其母向氏，中國人，生達漫而泥利卒，其弟婆實特勒妻之。開皇末（公元六〇〇年），婆實共向氏入朝，遇達頭（即玷厥）亂，遂留京師，每舍之鴻臚寺。處羅可汗居無恆處，然多在烏孫故地，復立二小可汗，分統所部。大業初（公元六〇五），處羅可汗撫御無道，其國多叛，與鐵勒累相攻，大爲所敗。時黃門侍郎裴矩，在燉煌引致西域，聞其國亂；復知處羅思其母，因奏之。煬帝遣司朝（司朝疑司儀之誤。隋書百官志（中）鴻臚寺有司儀署，朝儀兩字易混。）謁者（謁者臺，掌凡諸吉凶公事導相禮儀事（百官志中）。又謁者臺，僕射一人，掌朝覲賓饗之事。屬官謁者十人，掌奉詔出使、拜假、朝會擯贊。高功者一人爲假使，掌差；次，謁者。）崔君肅齎書慰訪之。處羅甚踞，受詔不肯起。君肅謂曰：

「突厥本一國也，中分爲二，自相敵仇，每歲交兵，積數十年而莫能相滅者，明知啓民與處羅國，其勢敵耳。今啓民舉其部落，兵且百萬，入臣天子，甚爲丹誠者何也？但以切恨可汗而不能獨制，故卑事天子以借漢兵，連二大國，欲滅可汗耳。百官兆庶，咸請許之，天子弗違，師出有日矣。顧可汗母向氏，本中國人，歸在京師，處于賓館，聞天子之詔，懼可汗之滅，旦夕守闕，哭泣悲哀，是以天子憐焉，爲其輟策。向夫人又匍匐謝罪，請發使以合可汗，令內屬，乞加恩禮，同于啓民，天子從之，故遣使到此。可汗若稱藩奉詔，國乃永安，而母得延壽；不然者，則向夫人爲誑天子，必當取戮，而傳首虜庭。發大隋之兵，資北蕃之衆，左提右挈以擊，可汗亡無日矣。奈何惜兩拜之禮，剿慈母之命，恡一句稱臣，喪匈奴國也？」

處羅聞之，矍然而起，流涕再拜，跪受詔書。君肅又說之曰：

「吐谷渾者，啓民少子莫賀咄設之母家也。今天子又以義成公主妻于啓民，啓民思天子之威而與之絕；吐谷渾亦因憾漢故，職貢不脩。可汗若請誅之，天子必許。漢擊其內，可汗攻其外，破之必矣。然後身自入朝，道路無阻，因見老母，不亦可乎？」

處羅大喜，遂遣使朝貢。（隋書西突厥傳）

崔君肅者，不知何許人，西突厥傳僅著其官司儀謁者，而無傳。謁者臺猶明代之行人司，謁者卽古行人，以微官末秩，使域外，說黠酋，剖判形勢，曉示利害，處羅遂盡禮歸命。陸賈之諭尉佗（詳第四章第二節第一目），不能擅美矣。

第三目　裴矩綏懷西域諸國

裴矩，字宏大，河東聞喜人也，好學有智數，留情幹世之務，仕齊高平王文學。齊亡，隋高祖爲周定州總管，召補記室，甚親敬之。高祖作相，參相府記室事。及受禪，遷給事郎，奏舍人事。伐陳之役，領元帥記室，既破丹陽，晉王廣令矩與高熲收陳圖籍，尋遷內史侍郎。時突厥強盛，都藍可汗妻，宇文氏女也，由是數爲邊患。後因公主與從胡私通，長孫晟先發其事，矩請出使都藍，顯戮宇文氏。上從之，竟如其言。啓民可汗初附，令矩撫慰之。煬帝卽位，西域諸蕃多至張掖與中國交市，帝令矩掌其事。矩知帝方勤遠略，諸商胡至者，矩誘令言其國俗，山川險易，撰西域圖記三卷，入朝奏之。其序曰：

「臣聞禹定九州，導河不踰積石，秦兼六國，設防止及臨洮。故知西胡雜種，僻居遐裔，禮教之所不及，書典之所罕傳。自漢氏興基，開拓河右，始稱名號者，有三十六國，其後分立，乃五十五王，仍置校尉都護，以存招撫。然叛復不恆，屢經征戰，後漢之世，頻廢此官。雖大宛以來，略知戶數，而諸國山川，未有名目，至如姓氏風土，服章物產，全無纂錄，世所弗聞。復以春秋遞謝，年代久遠，兼并誅討，互有興亡，或地是故邦，改從今號，或人非舊類，因襲昔名，兼復部民交錯，封疆移改；戎狄音殊，事難窮驗。于闐之北，葱嶺以東，考之前史，三十餘國，其後更相屠滅，僅有十存。自餘淪沒，掃地俱盡，空有丘墟，不可記識。

「皇上膺天育物，無隔華夷，率土黔黎，莫不慕化。風行所及，日入以來，職貢皆通，無遠不至。臣旣撫納，監知關市，尋討書傳，訪採胡人。或有所疑，卽譯衆口，依其本國服飾儀形，王及庶人，各顯容止，卽丹青模寫，爲西域圖記，共成三卷，合四十四國。仍別造地圖，窮其要害。從西頃以去，北海之南，縱橫所亙，將二萬里。諒由富商大賈，周遊經涉，故諸國之事，罔不遍知。復有幽荒遠地，卒難訪曉，不可憑虛，是以致闕。

「而二漢相踵，西域爲傳，戶民數十，卽稱王國，徒有名號，乃乖其實。今者所編，皆餘千戶，利盡西海，多產珍異。其山居之屬，非有國名及部落小者，多亦不載。發自敦煌，至于西海，凡爲三道，各有襟帶。北道從伊吾，經蒲類海、鐵勒部、突厥可汗庭，度北流水河，至拂菻國，達于西海。其中道從高昌、焉耆、龜兹、疏勒，度葱嶺；又經鏺汗、蘇對沙那國、康國、曹國、何國、大小安國、穆國至波斯，達于西海。其南道從鄯善、于闐、朱俱波、喝槃陀度葱嶺；又經護密、吐火龍、挹怛、帆延、漕國至北婆羅門，達于西海。其三道諸國，亦各自有路，南北交通。其東女國、南婆羅門國等，並隨其所往諸處得達。

「故知伊吾、高昌、鄯善並西域之門口也；總湊敦煌，是其咽喉之地。以國家威德，將士驍雄，汎濛氾而揚旌，越崑崙而躍馬，易如反掌，何往不至？但突厥吐渾分領，羌胡之國，爲其擁遏，故朝貢不通。今並因商人密送誠款，引領翹首，願爲臣妾，聖情含養，澤及普天，服而撫之，務存安輯。故皇華遣使，弗動兵車，諸蕃既從，渾厥可滅。混一戎夏，其在茲乎！不有所記，無以表感化之遠也。」

帝大悅，賜物五百段，每日引矩至御坐，親問西方之事。矩盛言胡中多諸寶物，吐谷渾易可并吞。帝由是甘心，將通西域，四夷經略，咸以委之。遷黃門侍郞，令矩往張掖，引致西蕃，至者十餘國。

大業三年（公元六〇七年），帝有事于恆嶽，咸來助祭。帝將巡河右，復令矩往敦煌。矩遣使說高昌王麴伯雅，及伊吾吐屯設等，啗以厚利，導使入朝。及帝西巡次燕支山，高昌王、伊吾設等及西蕃胡二十七國謁于道左。皆令佩金玉，被錦罽，焚香奏樂，歌舞諠譟。復令武威、張掖士女盛飾縱觀，騎乘塡咽，周亙數十里，以示中國之盛。帝大悅，竟破吐谷渾，拓地數千里，並遣兵戍之，每歲委輸巨億萬計，諸蕃懾懼，朝貢相續。帝謂矩有綏懷之略，進位銀青光祿大夫。其冬，帝至京師，矩以蠻夷朝貢者多，諷帝令都下大戲，徵四方奇技異藝，陳于端門街，衣錦綺、珥金翠者以十數萬。又勒百官及民士女列坐柵閣而縱觀焉，皆被服鮮麗，終月乃罷。又令三市店肆皆設帷帳，盛列酒食，遣掌蕃率蠻夷與民貿易，所至之處，悉令邀延就坐，醉飽而散。蠻夷嗟歎，謂中國爲神仙。帝稱其至誠。帝遣將軍薛世雄城伊吾，令矩共往經略。矩諷諭西域諸國曰：「天子爲蕃人交易懸遠，所以城伊吾（今哈密）耳。」咸以爲然，不復來競。及還，賜錢四十萬。矩又白狀，令反間射匱，潛攻處羅。語在突厥傳。後處羅爲射匱所迫，竟隨使者入朝。帝大悅，賜矩貂裘及西域珍器。

從帝巡塞北，幸啓民帳。時高麗遣使先通于突厥，啓民不敢隱，引之見帝。矩因奏曰：

「高麗之地，本孤竹國也，周代以之封于箕子，漢世分爲三郡。晉氏亦統遼東。今乃不臣，別爲外域，故先帝疾焉，欲征之久矣。但以楊諒（按即漢王）不肖，師出無功。當陛下之時，安得不事，使此冠帶之境，仍爲蠻貊之鄉乎？今其使者朝于突厥，親見啓民合國從化；必懼皇靈之遠暢，慮後伏之先亡，脅令入朝，當可致也。」

帝曰：如何？矩曰：「請面詔其使，放還本國，遣語其王，令速朝覲。不然者，當率突厥，即日誅之！」帝納焉。高元（按即高麗國王）不用命，始建征遼之策。王師臨遼，以本官領武賁郎將。明年，復從至遼東，兵部侍郎斛斯政亡入高麗，帝令矩兼掌兵事。以前後征遼之役，進位右光祿大夫。于時連年征巡，海內騷然；皇綱不振，人皆變節，左翊衞火將軍宇文述、內史侍郎虞世基等用事，文武多以賄聞，唯矩守常，無贓穢之響，以是爲世所稱。還至涿郡，帝以楊玄感初平，令矩安集隴右，因之會寧（屬原州），存問曷薩那部落，遣闕達度設寇吐谷渾，頻有虜獲，部落致富。還而奏狀，帝大賞之。後從師至懷遠鎮，詔護北蕃軍事。時始畢可汗部衆漸盛，十一年，帝北巡狩，始畢率騎數十萬，圍帝于鴈門，詔令矩與虞世基每宿朝堂，以待顧問。及圍解，從至東都（按即洛陽）。屬射匱可汗遣其猶子率西蕃諸胡朝貢，詔矩醮接之。尋從幸江都宮。時四方盜賊蜂起，郡縣上奏者不可數計，矩言之，帝怒，遣矩詣京師，接候蕃客，以疾不行。矩素勤謹，未嘗忤物，又見天下方亂，恐爲身禍，其待遇人，多過其所望。故雖至廝役，皆得其歡心。及宇文化及之亂，推秦王子浩爲帝，以矩爲侍內，隨化及至河北。及僭帝位，以矩爲尚書右僕射，加光祿大夫封蔡國公，爲河北道安撫大使。宇文氏敗，爲竇建德所獲，復以爲吏部尚書。建德敗，及魏徵等舉山東之地歸唐，授右庶子，轉詹事，民部尚書。（隋書列傳第三十二裴矩傳）

裴矩學涉經史，饒有幹局。始爲行軍總管史萬歲行軍司馬，破突厥達頭可汗于塞外，萬歲被誅，功竟不錄。既掌交市于張掖，因令西域諸蕃商胡，言其國俗、山川險易，著爲西域圖記三卷，凡四十四國，入朝奏之；此正周禮行人之掌，辨異每國禮俗、政事等，反命于王，以周知天下之故也。自張博望通西域，兩漢之拊循外蠻，宣明威信者夥矣。若傅介子、常惠、鄭吉、陳湯、班定遠之儔，咸著勇略，殺繫名王，殄滅生口，以立功異域，雖建強漢之節，終鮮鄉從之誠。而西域諸國之人情風土，山川險易，略無纂錄，以資考鏡。裴矩之作，適補此憾，可謂前無古人。及「高昌入朝，伊吾獻地」（文臣論贊）

暨西蕃胡二十七國朝謁河西，聚貢東都，「焚香奏樂，歌舞諠譟」，「奇技異藝，大戲都下」，「衣錦綺、珥金翠者以十數萬」，盛列酒食，大肆貿易，並「勒百官及民士女盛飾，列坐柵欄而縱觀」，以示中國之富，自外夷朝覲互市以來，未有如大業三年之盛也，要皆矩綏懷之略，承望風旨以成之。

按隋書波斯國傳：「煬帝遣雲騎尉李昱使通波斯，尋遣使隨昱貢方物。」波斯，卽今伊朗。南蠻傳赤土國傳：「大業三年，屯田主事常駿，虞部主事王君政請使赤土，王遣其子那邪迦請與駿等禮見。……六年春，駿與那邪迦于弘農謁帝，大悅。」赤土國，卽今蘇門答剌。北史西域傳序：「煬帝時，遣侍御史韋節，司隸從事杜行滿使罽賓、史國。」罽賓今葱嶺西南；史國，今俄屬撒馬兒汗。又中華書局辭海中外歷代大事年表大業三年：「日本遣使小野妹子來貢」，四年，「遣裴淸(按官文林郎，隋書倭國傳。)隨小野妹子報聘日本。」「妹子再使隋，高向玄理僧旻等八人同來。」並附見于此，以明隋煬之遠略，亦有其輝煌之一面。

第三節　唐之行人

第一目　劉文靜使突厥

唐高祖李淵之起兵太原隋恭帝義寧元年公元六一七年也，「遣劉文靜使突厥約連和」新唐書高祖本紀。文靜字肇仁，自言系出彭城附宋劉裕之裔，世居京兆武功，倜儻有器略。大業末公元六一六年爲晉陽令，高祖爲唐公，鎮太原，文靜自結。旣與秦王太宗李世民陰部署起兵，文靜爲大將軍府司馬，勸改旗幟。又請與突厥連合。唐公從之，遣文靜使始畢可汗。始畢曰：「唐公兵何事而起？」文靜曰：「先帝廢冢嗣以授後主，故大亂，唐公國近戚隋文帝獨孤皇后，高祖之從母也。，懼毀王室，起兵黜不當立者。『願與突厥共定京師，金幣子女，盡以歸可汗』。」始畢大喜，卽遣騎二千隨文靜，又獻馬千匹。唐公喜曰：「非君，何以致之！」新唐書列傳第十三劉文靜傳是唐之連合突厥以傾隋，發自劉文靜，而身自充使以成之。「願與突厥共定京師，金幣子女盡以歸可汗」之承諾，所以賂突厥者奇典（肅宗急收兩京，與回紇約「土地人衆歸我，子女玉帛予回紇。」一如劉約。清季給予一强「最惠國條款」(Most-Favored-Nation Clause)，它强即踵索之，謂之「利益均霑」。詎知斯厲，階自李唐。），已違「義兵」之旨，若證以貞觀三年，六道出師，大撻頡利，捷書頻傳之日，太宗語羣臣「太上皇以百姓故，奉突厥而臣之，朕常痛心病首」（見本章第一節第二目），則文靜之使，屈辱滋甚。「金幣子女歸突厥」矣，而猶曰「太上皇以百姓故」者，捫心自問，得勿慚恧？嗣文靜以賞不酬功怨望，秦王稱其「首決非常大計」以救，高祖竟殺之；或者既有天下，亦自醜夫「義兵」之「不義」耶？

第二目　郭子儀單騎見回紇

突厥、吐蕃、回紇更盛衰，交陵唐室，恃勢則要約和親，助討則乘釁侵擾，剽掠邊城，幾無閑歲。故唐之使節，特重此三方面。連約助討有會盟或和好使，和親降主有昏禮使或禮會使，類皆將相大臣或親王爲之（武德七年（公元六二四年），頡利與突利大入，秦王與突利約爲昆弟。九年，高祖偕侍中高士廉、中書令房玄齡幸渭上，與頡利按轡而語，刑白馬，盟便橋（新唐書突厥傳）。貞觀十五年，宗女文成公主降弄贊，江夏王道宗實持節護送（吐蕃傳）。乾元元年，肅宗幼女寧國公主下嫁回紇英武可汗，漢中郡王瑀爲冊命使，宗子右司郎中巽爲禮會使。永泰元年（公元七六五年），吐蕃請和，宰相元載，杜鴻漸涖盟。德宗興元元年（公元七八四年），咸安公主之降回鶻頓莫賀武義成功可汗，嗣滕王湛然爲昏禮使，右僕射關播護送。回紇傳），體崇而費繁（「回紇之請昏，有司度費賞五百萬（卽五千貫）。」新唐書回紇傳），而我行人之被刦殺或留死者，更史不絕書（陳行焉使吐蕃，論欽陵欲拜己，臨以兵，不爲屈，留之十年，至高宗永隆元年（公元六八〇年），文成公主喪，遣使弔祠，始歸我陳行焉之喪（吐蕃傳）。中宗初（公元七〇五年），突厥啜默可汗殺我行人鴻臚卿臧思言（突厥傳上）。淸水之盟，涇邠節度使渾瑊充盟會使，吐蕃欲刦之，瑊跳免。判官韓弇，監軍宋鳳翔死之。副使崔漢衡及判官鄭叔矩、路泌，掌書記袁同直，列將之被執者六十人，叔矩、泌陷吐蕃廿餘年，卒不屈死。其忠烈過蘇武。吐蕃傳下。）

郭子儀（公元六九六—七八一年）者，華州鄭人，長七尺二寸，以武舉異等補左衞長史，遷單于副都護振遠軍使。

天寶八載（公元七四九年），為天德軍使。十四載，安祿山反，充朔方節度使，率本軍東討，會李光弼攻賊常山。玄宗遜蜀，肅宗即位靈武（公元七五六年），拜兵部尚書同中書門下平章事，仍總節度為廣平王副元帥，收兩京，封代國公。乾元元年，破賊河上，進中書令。宦者觀軍容宣尉使魚朝恩素疾其功，媒譖之，罷節度使。子儀失軍，無少望。史思明再陷河洛，西戎偪擾京師，天子旰食。起為朔方、河中、北庭、洛、儀、沁、澤等州節度行營，兼興平定國副元帥，進封汾陽郡王。代宗立（公元七六三年），幸臣郭元振自謂于帝有功，忌宿將難制，離構百計，因罷副元帥。初，子儀與帝平兩京，同天下憂患，至是悔悟，眷禮彌重。時史朝義尚盜洛，帝欲使副雍王東討，朝恩、元振交訾之，乃止。會僕固懷恩叛，陰召回紇、吐蕃寇河西，殘涇州，犯奉天、武功，遽拜子儀為關內副元帥，鎮咸陽，天子跳幸陝。廣德二年（公元七六四年），進子儀太尉，兼領北道邠寧涇原河西通和吐蕃，及朔北招撫觀察使。懷恩誘吐蕃、回紇、党項數十萬入寇，朝廷大恐。永泰元年，懷恩盡說吐蕃、回紇、党項、羌渾、奴剌等三十萬，掠涇邠，躪鳳翔，入醴泉、奉天，京師大震。于是帝命李忠臣屯渭橋，李光進屯雲陽，馬璘、郝廷玉屯便橋，駱奉先、李日越屯盩厔，李抱玉屯鳳翔，周智光屯同州，杜冕屯坊州，天子自將屯苑中，急召子儀屯涇陽，軍纔萬人。比到，虜騎圍已合。乃令李國臣、高昇、魏楚玉、陳回光、朱元琮各當一面，身自率鎧騎二千，出入陣中，回紇怪問：「是謂誰？」報曰：「郭令公（官中書令）。」驚曰：「令公存乎？懷恩言，天可汗（自太宗以來，外夷皆稱中國皇帝為天可汗，蓋尊中國為天朝，故云。）棄天下，令公即世，中國無主，故我從以來。令公存；天可汗存乎？」報曰：「天子萬歲。」回紇悟，曰：「彼欺我乎！」子儀使諭虜曰：「昔回紇涉萬里，戡大憝，助復二京，我與若等休戚同之。今乃棄舊好，助叛臣，一何愚！彼背主棄親，于回紇何有？」回紇曰：「本謂公之亡，不然，何以至此！今誠存，我得見乎？」子儀將出，左右諫，「戎狄野心，不可信。」子儀曰：「虜衆數十倍，今力不敵，吾將示以至誠。」左右請以五百騎從，又不聽。即傳呼曰：「令公來。」虜皆持滿待。子儀以數十騎出，免冑見其大酋曰：「諸君同艱難久矣，何忽忘忠誼而至是耶？」回紇捨兵下馬拜，曰：「果吾父也！」子儀即召與飲，遺錦綵結歡，誓如初約。因曰：「吐蕃本吾甥舅國，無負而來，棄親也。馬牛被數百里，公等若倒戈乘之，若俛取一芥，是謂天賜，不可失。且逐戎得利，與我繼好，不兩善乎？」適懷恩暴死，羣虜無所統一，遂許諾。吐蕃疑之，夜引去。子儀遣將白元光合回紇衆追躡，大軍繼之，破吐蕃十萬于靈臺西，斬級五萬，俘萬人，盡得所掠士女牛羊馬槖它不勝計。（新唐書列傳第六十二郭子儀傳）

郭子儀單騎見回紇，由來壯之。此行子儀實以使相之尊兼通和使，軍前謀和。時僕固懷恩勾結外蕃，以十餘倍之兵，圍行都（奉天），天子播越。子儀所恃以不恐者，唯與回紇「久同艱難」，威望卓著，誠信素孚耳。從騎數十，「免冑見其大酋」，正是「示以至誠」。較之燭之武之退秦師（第二章第六節），其蹈險犯難，奚啻千百倍？而殲厥醜類，轉危爲安，此眞所謂社稷之功！本傳稱其「以身爲天下安危者二十年」，非溢美也。

第三目　王玄策使天竺（陳大德附）

王玄策者，不知何許人，官右衞率府長史。貞觀二十二年（公元六四八年），詔使天竺（按即今印度），蔣師仁副之。先是，隋煬帝時遣裴矩通西域諸國，獨天竺、拂菻（按即東羅馬帝國，東漢爲大秦國，裴矩西域圖記所謂西海國也。）不至爲恨。武德中，天竺國大亂，王尸羅逸多兵戰無前，衆不弛鞍，士不釋甲，因討四天竺（所謂五印是也），皆北面臣之。會唐浮屠玄奘至其國，尸羅逸多召見。曰：「而國有聖人出，作秦王破陣樂，試爲我言其爲人。」玄奘粗言太宗神武，平禍亂，四夷賓服狀。王喜曰：「我當北面朝之。」貞觀十五年（公元六四一年），自稱伽陀王，遣使者上書，帝命雲騎尉梁懷璥持節撫慰。尸羅逸多驚問國人：「自古亦有摩訶震旦使者至吾國乎？」皆曰：「無有！」戎言中國爲摩訶震旦。乃出迎，膜拜受詔書，戴之頂。復遣使隨入朝，詔衞尉丞李義表報之。大臣郊迎，傾都邑縱觀，道上焚香。尸羅逸多率羣臣東受詔書，復獻火珠、鬱金，菩提樹。

玄策、師仁未至，尸羅逸多死，國亂，其臣那伏帝阿羅那順自立，發兵拒玄策。時從騎纔數十，戰不勝，皆死，遂剽國貢物。玄策挺身奔吐蕃西鄙，檄召鄰國兵，吐蕃以兵千人來（按値文成公主嫁弄贊之七年），泥婆羅以七千騎來，玄策部分進戰茶鎛和羅城，三日破之，斬首三千級，溺水死萬人。阿羅那順委國走，合散兵復陣，師仁禽之，俘斬千計。餘衆奉王妻息阻乾陀衞江，師仁擊之，大潰，獲其妃、王子，虜男女萬二千人，雜畜二萬，降城邑五百八十所。東天竺王尸鳩摩送牛馬三萬餽軍，及弓刀寶纓絡；迦沒路國獻異物，幷上地圖，請老子像。玄策執阿羅那順獻闕下，有司告宗廟。帝曰：

「夫人耳目玩聲色，口鼻耽臭味，此敗德之原也。婆羅門不刦吾使者，寧至俘虜耶？」

擢玄策朝散大夫（新唐書西域列傳天竺國傳）。玄策之檄召鄰國（吐蕃泥婆羅）兵以全唐節，正如班超之發龜茲、鄯善兵以定焉者，爲「得遠夷之利，同異俗之心」（漢書）者也，而漢唐之威信域外，幷于是見之。唐書無王玄策傳。

唐之使域外者，尚有陳大德。陳大德唐書亦無傳，不知何許人。資治通鑑唐紀，貞觀十五年（公元六四一年）秋七月：「上遣職方郎中陳大德使高麗，八月己亥，自高麗還。大德初入其境，欲知其山川風俗，所至城邑，以綾綺遺其守者曰：『吾雅好山水，此有勝處，吾欲觀之。』守者喜，導之遊歷，無所不至。往往見中國人，自云家在某郡，隋末從軍，沒于高麗，高麗妻以遊女，與高麗錯居，殆將半矣。因問親戚存歿。大德紿之曰，『皆無恙』。咸感激相告。數日後，隋人望之而哭者，徧于郊野。大德言于上曰：『其國聞高昌亡，大懼。館候之勤，加于常數。』上曰：『高麗本四郡地耳（漢武帝置臨屯、眞番、樂浪、玄菟四郡，高麗有其地。），吾發卒數萬攻遼東，彼必傾國救之，別遣舟師出東萊，自海道趨平壤，水陸合勢，取之不難；但山東州縣彫瘵未復，吾不欲勞之耳。』」次年，高麗泉蓋蘇文弒其王高建武，貞觀十八年，太宗卒自將征之。抑大德之使高麗，藉遊歷以知其山川風俗，亦裴矩儔也。（新唐書高麗傳）

第四目　皇甫惟明和吐蕃

皇甫惟明，亦不知何許人，官忠王友。玄宗開元十七年（公元七二九年），吐蕃頻遣使請和，惟明因奏事，面陳通和之便。上曰：「吐蕃贊普（按即棄隸蹜贊尚中宗所養雍王女金城公主者）往年嘗與朕書，悖慢無禮，朕意欲討之，何得和也？」惟明曰：

「開元之初，贊普幼稚，豈能如此？必是在邊軍將，務邀一時之功，僞作此書，激怒陛下。兩國旣鬥，興師動衆，因利乘便，公行隱盜、僞作功狀，以希功爵，所損鉅萬，何益國家？今河西隴右百姓疲竭，事皆由此。若陛下遣使往視金城公主，因與贊普面約，令其稽顙稱臣，永息邊境，此永代安人之道也。」

上然其言，因令惟明及內侍張元方充使，往問吐蕃。惟明、元方等至吐蕃，旣見贊普及公主，具宣上意，贊普等欣然請和，盡出貞觀以來前後勅書以示惟明等，令其重臣名悉獵隨惟明等入朝。上表曰：

「外甥（文成公主出故稱甥）是先皇帝舅宿親，又蒙降金城公主，遂和同爲一家，天下百姓，普皆安樂。中間爲張玄表、李知古等東西兩處，先動兵馬，侵抄吐蕃邊將，所以征討，迄至今日，遂成釁隙（按張玄表爲安西都護，李知古攝監察御史，上言請擊吐蕃，徵劍南兵募者。）。外甥以先代文成公主今金城公主之故，深識尊卑，豈敢失禮！又緣年小，枉被邊將讒構鬥亂，令舅致怪。伏乞垂察追留，死將萬足。前數度使人入朝，皆被邊將不許，所以不敢自奏。去冬，公主遣使人婁衆失若將狀專往，蒙降使看公主來，外甥不勝喜荷護。遣論（重臣）名悉獵及副使押衙將軍浪些紇夜悉獵入朝，奏取進止，兩國事意，悉獵所知。外甥蕃中已處分邊將不許抄掠，若有漢人來投，便令卻送。伏望皇帝遠察赤心，許依舊好，長令百姓快樂。如蒙聖恩，千年萬歲，外甥終不敢先違盟誓。謹奉金胡瓶一，金盤一，金椀一，馬腦盃一，零羊衫段，謹充微國之禮。」

金城公主又別進金鴨，盤盞、雜器物等。

十八年十月，名悉獵等至京師，上御宣政殿，列羽林仗以見之。悉獵頗曉書記，先曾迎金城公主至長安，當時朝廷皆稱其材辨。及是，上引入內，宴與語，甚禮之。賜紫袍金帶，及魚袋並時服繒綵、銀盤胡瓶，仍于別館供擬甚厚。悉獵受袍帶器物而卻，進魚袋，辭曰：「本國無此章服，不敢當殊異之賞！」上嘉而許之。詔御史大夫崔琳充使報聘，仍于赤嶺各豎分界之碑，約以更不相侵。時吐蕃使奏云，公主請毛詩、禮記、左傳、文選各一部，制令秘書省寫與之。舊唐書吐蕃傳。新書同傳亦有皇甫惟明之事，但因求文省，惟明建言及贊普上表，俱不錄。唐書無皇甫惟明傳

貞觀十五年文成公主之降贊普棄宗弄贊也，弄贊既慕中國服飾禮儀之美，自釋氈裘，襲紈綺；築城邑、立棟宇以居處公主，且罷國人赭面以悅之，仍遣酋豪子弟入國學習詩書，又請中國識文之人，典其書疏。高宗嗣位，更請蠶種及造酒、碾磑、紙墨之匠，朝廷皆許之，以答其向化之忱。及金城之世，遂能化干戈為玉帛，貢獻有加，賞賜殊異，而毛詩、禮記、左傳、文選諸典籍，亦得傳入吐蕃，以是文成金城兩公主漢化西藏之功為不可沒，而皇甫惟明亦能卓然成其使命者也。

第五目　李瑀爭冊禮

李瑀者，睿宗皇帝公元七一〇—七一二年元子寧王憲之子也。文明元年公元六八四年即武后光宅元年，武后廢中宗，以睿宗為皇帝，故憲為皇太子。及后稱制，降睿宗為皇嗣，更冊憲為皇孫。唐隆元年公元七一〇年，即中宗景龍四年，睿宗景雲元年，韋后弒中宗，臨朝改元之年也。。睿宗復位，將建東宮，以憲嫡長又嘗為太子，而楚王即玄宗有大功，久不定。憲以「時平則先

嫡，國難則先功」辭，帝嘉憲讓，遂許之，立楚王爲皇太子。玄宗天性敦睦，友于兄弟，與寧、申、岐、薛四王並賜第長安隆慶坊，號五王宅，燕嬉侑歡，歲月不絕。寧王薨，追謚讓皇帝。有子十九人。瑀早有材望，偉儀觀，始封隴西郡公，從玄宗幸蜀，至河池，封漢中郡王，山南西道防禦使。乾元元年（公元七五八年），寧國公主降回紇，詔瑀以特進太常卿持節拜回紇磨延啜爲英武威遠可汗（新唐書列傳第六讓皇帝憲傳，但回紇傳則稱爲「攝御史大夫爲冊命使」）。瑀至虜，而可汗胡帽赭袍坐帳中，儀衞光嚴，引瑀立帳外。問曰：「王，天可汗何屬？」瑀曰：「從昆弟也。」時中人雷靈俊立瑀上，又問：「立王上者爲誰？」瑀曰：「中人也。」可汗曰：「中人，奴爾，顧立王上乎？」靈俊趨下，于是引瑀入，瑀不拜。可汗曰：「見國君，禮無不拜。」瑀曰：

「天子顧可汗有功，以愛女結好。比中國與夷狄昏，皆宗室子。今寧國乃帝玉女，有德容，萬里來降，可汗，天子壻，當以禮見，安踞受詔耶？」

乃起奉詔，拜受冊。翌日，尊之爲可敦。瑀所齎賜物，可汗盡與其牙下酋領。瑀還，獻馬五百匹，貂裘白氎等，乃使王子骨啜特勒（據外蒙所發現之突厥闕特勤碑，「勒」亦作「勤」），宰相帝德等率騎三千助討賊。（新唐書回紇傳）

第八章　宋之行人（五代及遼金行人附）

第一節　五代及宋初之形勢

宋（公元九六〇—一二七六年）之敵國，北有遼金元，更盛衰，為禍最烈，與宋相終始。遼（公元九三七年，遼太宗會同元年，晉天福二年始稱遼。）之先，曰契丹，自後魏以來，名見中國，居鮮卑故壤。當唐之世，其地北接室韋（今東蒙及黑龍江一帶），東隣高麗，西界奚國（今熱河省灤平平泉承德豐寧等縣地），而南至營州（今熱河省朝陽縣），所居曰上京（臨潢府今熱河省巴林東北之波羅城），有今東北遼吉黑、熱河之大部及河北省幽薊之地。至太祖阿保機（公元九一六—九二六年）立，為人多智勇，善騎射。是時，燕守劉守光暴虐，幽（今北平）涿（今涿縣）之人，多亡歸之。阿保機乘閒入塞，攻陷城邑，俘其人民，依唐州縣置城以居之。梁王朱溫將竊唐，晉王李克用使人聘于契丹，阿保機以兵三十萬會克用于雲州（今山西省大同縣），在城置酒；酒酣，握手約為兄弟，克用贈以金帛甚厚，期其舉兵擊梁，阿保機遺晉馬千匹。歸而背約，遣使者袍笏梅老聘梁，梁遣右府卿高頃，軍將郎公遠等報聘。逾年，頃還，阿保機遣使者解俚（亦作里）隨頃以良馬貂裘朝霞錦聘梁，奉表稱臣，以求冊封。梁復遣公遠及司農卿渾特以詔書報勞，別以記事賜之，約共舉兵滅晉，然後冊封為甥舅之國，又使以子弟三百騎入衞京師（梁晉之爭連契丹，正猶北周北齊之競結突厥與陳也。詳第六、七章）。克用聞之，大恨。比薨（公元九〇八年），以一矢屬其子李存勖（後唐莊宗，公元九二三—九二五年），期必滅契丹。渾特等至契丹，阿保機不能如約，梁亦未嘗冊封，而終梁之世（公元九〇七—九二三年），契丹使者四至。

後唐莊宗天祐十三年（公元九一六年，卽後梁末帝貞明二年。天祐爲唐昭宣帝年號，其四年，朱溫盜唐，改元開平。晉仇梁，仍用天祐紀元至十九年。猶鄭成功于桂王被害後，襲用永曆年號不替也。），阿保機攻晉蔚州（今察哈爾省蔚縣），執其刺史李嗣本。時莊宗已得魏博（十二年，魏博叛梁來附。），方南與梁爭天下，遣李存矩發北山兵，至祁溝關，兵叛被殺。契丹進破新州（今涿鹿縣），莊宗遣周德威救之，敗走幽州，契丹圍之，幽薊之間，虜騎遍滿山谷，所得漢人，以長繩連頭繫之于木。德威拒守百餘日，莊宗遣李嗣源（卽明宗，公元九二六—九三三年。）閻寶、李存審等救之，契丹數爲嗣源所敗，解去。又攻陷涿州，莊宗自將鐵騎五千擊卻之。契丹雖敗歸，然自此頗有窺中國之志。以方事女眞（卽金源）、渤海（扶餘府），弭後患，乃遣使聘唐以通好，同光（莊宗年號，公元九二三—九二五年。）之間，使者再至。莊宗崩，明宗遣供奉官姚坤告哀于契丹。阿保機問曰：「聞爾河南北有兩天子，信乎？」坤曰：「天子以魏州（今河北省大名縣）軍亂，命總管令公（卽明宗李嗣源）將兵討之，而變起洛陽，凶問今至矣。總管返兵河北，赴難京師，爲衆所推，已副人望。」阿保機仰天大哭曰：「晉王（李克用）與我約爲兄弟，河南天子，卽吾兒也。昨聞中國亂，欲以甲馬五萬往助我兒，而渤海未除，志願不遂。」又曰：「我兒旣沒，新天子理當取我商量，安得自立？」坤曰：「新天子將兵二十年，位至大總管，所領精兵三十萬，天時人事，其可得違！」其子突欲（契丹滅渤海，以爲東丹王，後奔唐，賜姓李，名贊華。）在側曰：「使者無多言，蹊田奪牛，豈不爲過？」坤曰：「應天順人，豈比匹夫之事？至于天皇王得國而不代，豈彊取之耶？」（天皇王卽阿保機。）（契丹分爲八部，部長號大人，依次代立，至阿保機以威制諸部而不肯代。）阿保機卽慰勞坤曰：「理正當如是爾。」因戒坤曰：「爾當先歸，吾以甲馬三萬會新天子幽鎭（今河北省正定縣）之間，共爲盟約，與我幽州，則不復侵汝矣。」已而阿保機病死，次子德光（卽遼太宗）立。阿保機起臨潢，征定大漠南北，奄有西域，殄滅渤海，以東北之農耕，養朔漠之士馬，國勢驟張，威行萬里。德光有智勇，立三年，改元天顯（公元九二六年，後唐明宗天成元年。），遣使者以名馬聘唐，明宗厚禮之，遣飛勝指揮使安念德報聘。定州王都反，唐遣王晏球討之，都求援契丹，德光遣禿餒、莂剌等以五千騎援都，晏球敗之；又遣惕隱（典族屬官，即宗正職也。）赫邈益禿餒騎七千，晏球又敗之，赫邈、禿餒、莂剌並被俘送京師，明宗斬禿餒等六百餘人而赦赫邈，選其壯健者五千餘人爲契丹直（猶衛也）。契丹自阿保機侵滅諸國，稱雄北方，及援王都，喪其萬騎又失赫邈等名將，由是卑辭厚幣數遣使聘中國，因求歸赫邈、莂剌等，唐輒斬其使而不報。當此之時，中國之威幾振。初，莊宗之末，趙德鈞鎮幽州，于鹽溝置良鄉縣；及破赫邈等，又于其東置三河縣，由是幽薊之人，始得耕牧。德光乃西徙，出寇雲朔（今山西省朔平縣）之間。明宗患之，以石敬瑭鎮守東河，總大同、彰國、振武、威塞等軍禦之。應順（閔帝年號）清泰（潞王弑閔帝改元）之間（公元九三四年），調發饋餉，遠近勞敝。（五代史記四夷傳）

石敬瑭反唐（公元九三五年），因使桑維翰爲書求援于契丹，已許諾；敬瑭懼事不果，乃遣維翰往見德光，爲陳利害甚辯，卒以滅唐興晉，桑翰之力也（五代史記晉臣桑維翰傳）。敬瑭夜見德光，約爲父子。德光謂之曰：「吾三千里赴義，義當徹頭，乃築壇晉城南，立敬瑭爲皇帝，自解衣冠被之。冊曰：「咨爾子晉王，予視爾猶子，爾視予猶父。」敬瑭自太原入洛陽，是爲晉高祖（公元九三六—九四一年）。德光送至潞州，臨訣，執手噓唏，脫白貂裘以衣之，遺良馬二十匹，戰馬千二百匹。戒曰：「子子孫孫當無相忘」，時天顯九年也（此卽石敬塘以燕雲十六州賂契丹爲兒皇帝故事，當初阿保機語姚坤，但求幽州耳。）。于是契丹盡有燕雲十六州地（當今晉冀察遼區），乃以幽州爲燕京，改天顯十一年爲會同元年（公元九三七年，晉天福二年），更國號曰大遼，置百官，皆依中國，參用中國之人。晉高祖每遣使聘問，奉表稱臣，歲輸絹三十萬匹，其餘寶玉珍異，下至中國飲食諸物，使者相屬于道無虛日。德光約高祖不稱臣，更表爲書，稱兒皇帝，如家人禮。終敬瑭之世，奉之甚謹，出帝（公元九四二—九四六年）立，用馬步兵都指揮使景延廣議，致書契丹稱孫，德光怒其不先以告，而又不奉表，不稱臣而稱孫，數遣使者責晉。延廣謂契丹使者喬瑩（遼史作榮）曰：「先皇帝北朝所立，今天子中國自册，可以爲孫而不可以爲臣。且晉有橫磨大劍十萬口，翁要戰則來，它日不禁孫子取笑天下。」（五代史記晉臣景延廣傳）德光益怒，開運元年（公元九四四年），春，德光大舉南侵。二年正月，復傾國入寇，晉人苦兵，乃遣開封府軍將張暉假供奉官聘于契丹，奉表稱臣，以修和好。三年七月，晉軍將北面行營招討使杜重威，兵馬都監、侍衛親軍都指揮使領天平、歸德軍節度使李守貞及彰國軍節度使、馬軍都排陣使張彥澤俱叛降契丹（參考五代史記雜傳第四十杜李張傳），德光遣傳住兒監張彥澤，將騎先入大梁，晉出帝與太后爲降表，自陳過咎。德光以手詔賜帝曰：「孫兒但勿憂，管取一噉飯處。」封出帝爲負義侯，遷于黃龍府（阿保機滅渤海國，因扶餘府改置，故城在今吉林省農安縣。金都之。）。德光已滅晉，遣其部族酋豪爲諸州、鎮刺史、節度使，括借天下錢帛以賞軍，胡兵人馬不給糧草，遣數千騎分出四野，刼掠人民，號爲「打草穀」，東西二三千里之間，民被其毒，遠近嗟怨。劉知遠起太原，所在州、鎮，多殺契丹歸漢，光復河洛，是爲漢高祖（公元九四七年五代史記四夷傳）。

遼既有燕雲（即幽、薊、涿、順、檀、瀛、莫、新、嬀、儒、武、蔚、雲、應、寰、朔等十六州，當今冀晉兩省之北部及察省南部。），移其軍事重心于塞內，益非中原所能抗；而中國方面，篡弒相尋，易君若置吏，「黥髡盜販，衮冕峩巍」（五代史記世家序）。後漢才四年，爲五代中之最短暫者。德光滅晉，歸，行至欒城，卒于殺胡林。世宗兀欲、穆宗述律之際，其國頗亂。兀欲常遣使聘漢，使者至中國，而周太祖入立（公元九五一—九五三年），太祖遣將軍朱憲報聘，憲還而兀欲被弒，述律立，遂不復南寇。周顯德六年（公元九五九年），夏，世宗（公元九五四—九五九年）北伐，以保大軍節度使田景咸爲淤口關都部署，右神武統軍李洪信爲合流口部署，前鳳翔節度使王晏爲益津關部署，侍衞親軍馬步都虞候韓通爲陸路都部署，世宗自乾寧軍御龍舟，艛船戰艦首尾數十里。至益津關，降其守將，而河路漸狹，舟不能進，乃捨舟陸行，瓦橋、淤口關，瀛、漠州守將皆迎降。方下令進攻幽州，世宗遘疾，乃置雄州于瓦橋關，霸州于益津關而還。周師僅能下三關瀛莫，兵不血刃；至宋（公元九六〇—一二七六年）太宗（公元九七六—九九七年）太平興國四年（公元九七九年），帝自將伐遼，幽薊之人，聞風降附，而諸軍及遼人大戰于高梁河，敗績；太宗雍熙三年（公元九八六年），復命潘美、曹彬及崔彥進等北伐，彬克涿州，美獨拔寰、朔、雲、應等州，詔內徙其民，而有岐溝關（與李存矩兵叛被殺之祁溝關，當係一地。）之敗，驍將楊業死之（宋史列傳第十七潘美傳）。趙宋從此無北征之師，而燕雲十六州之不附中國版圖，歷契丹而遼、金、元亙四百有三十年（公元九三七—至一三六七年）焉！（參考五代史記）

第二節　宋與南唐（南唐行人徐鉉附）

宋之南，有南唐（五代史記職方考第三：「自江以南二十一州爲南唐，自劍以南及山南西道四十六州爲蜀，自湖南北十州爲楚，自浙東西十三州爲吳越，自嶺南北四十七州爲南漢，自太原以北十州爲東漢，而荊歸峽三州爲南平。」）。南唐之先爲吳，其主曰楊行密，起羣盜，攻廬州據之，僖宗（公元八七四—八八八年）中和三年（公元八八三年），即拜行密爲廬州刺史。昭宗（公元八八九—九〇三年）龍紀元年（公元八八九年），入宣州，拜宣州觀察使（位刺史上節度使下）。遣其將略浙西，取蘇、常、潤州（今鎮江）。二年（即大順元年）取滁、和州。景福元年（公元八九二年），取楚州（今淮安），入揚州，拜淮南節度使。乾寧二年（公元八九五年），昇州（今南京）來附。天復二年（公元九〇二年）唐昭宗在岐（岐王李茂貞所），遣江淮宣慰使李儼拜行密東南面諸道行營都統，檢校太師、中書令，封吳王。昭宣帝（公元九〇四—九〇六年）天祐二年（公元九〇五年），行密卒，子渥、隆演、溥繼立，而徐溫專國政，爲齊國公、兩浙都招討使。始鎮潤州，留其子知訓爲行軍副使，秉政，大事溫遙決之。溫養子知誥爲昇州刺史，以寬仁爲政，民稍譽之。溫見其府庫充牣，城壁修整，徙治之，而遷知誥潤州刺史。及副都統朱瑾殺知訓，溫居金陵未及聞；知誥居潤州，近廣陵，得先聞，即日以兵渡江定亂，遂得政。溫少以販鹽爲盜（今謂鹽梟），已爲齊公，率文武上表請溥即皇帝位，溥未許而溫病卒，知誥竟襲齊而篡吳，復姓李，改名昇，自言唐憲宗子建王恪四世孫，國號唐。以在江南，遂曰南唐。

昇卒，長子景立。周世宗顯德二年至五年（公元九五五—九五八年）之間，三次南征，盡失、揚、泰、滁、和、壽、濠、泗、楚、光、海，江北淮南諸州，復獻廬、舒、蘄、黃四州。盡江爲界，下令去帝號。稱國主，奉周正朔。景卒，子煜立，是爲李後主（公元九三七—九七八年），而宋太祖（公元九六〇—九七五年）興。開寶四年（公元九七一年），煜遣其弟從善朝京師，留不遣；煜手疏求遣從善歸國，不許。煜以國蹙爲憂，日與臣下酣宴，愁思悲歌，遂發爲詞（註）。七年，秋，九月，「遣李穆（後官至參知政事，宋史有傳）使于江南，召李煜入朝，煜辭以疾。穆曰：『朝與不朝，惟自處之。朝廷繁富，兵甲精銳，恐不易當耳。』命曹彬、潘美征之。」（東都事略卷二及三十五）金陵被圍，煜危甚，遣徐鉉、周惟簡等奉表求緩師，不答。八年（公元九七五年），曹彬克金陵，煜舉家被俘，南唐亡（五代史記），徐鉉之使，殆圍城乞命耳！

徐鉉者，揚州廣陵人也，字鼎臣，十歲能屬文。仕吳爲校書郎，仕南唐李昇父子爲試知制誥；事後主積官至禮部尙書、兵部侍郎、翰林學士、御史大夫、吏部尙書。宋師圍金陵，煜遣鉉求緩兵。時煜將朱全贇將兵十餘萬自上江來援，煜以鉉且行，欲止令贇勿東下。鉉曰：「此行未保必能濟難，江南所恃者援兵爾，奈何止之？」煜曰：「方求和解而復決戰，豈利于汝乎？」鉉曰：「要以社稷爲計，豈顧一介之使？置之度外可也！」煜泣而遣之。鉉與弟鍇字楚金俱精小學，鉉尤工小篆及隸書。李穆使江南，見其兄弟文章，歎曰：「二陸指陸機陸雲兄弟不及也」程史：「會修職貢，騎省（鉉入宋，始官右散騎常侍。）實來。及境，例差官接伴，朝臣皆以辭令不及爲憚，宰相亦難其選。」想見徐鉉當時之名望。。鉉及惟簡至京師，齎煜乞恩奏曰：

「臣以幽孱，曲承臨照，僻在幽遠，忠義自持。唯將一心，上結明主。比蒙號召，自取愆尤，王師四臨，無往不克。途窮道迫，天實爲之，北望天門，心懸魏闕。嗟一城生聚，吾君赤子也；微臣薄軀，吾君外臣也，忍使一朝，便忘覆育！號咷鬱咽，盍見捨乎？臣性實愚昧，才無異稟，受皇朝獎與，首冠萬方。奈何一日自踵蜀乾德三年，王全斌入蜀，蜀主孟昶降。漢開寶四年，潘美克廣州，南漢主劉鋹降。不臣之子，同羣合類而爲囚虜乎？貽責天下，取辱祖先，臣所以不忍爲也。豈獨臣不忍爲，亦聖君不忍令臣之爲也。況乎名辱身毀，古人之所嫌畏者也，人所嫌畏，臣不敢不嫌畏也。惟陛下寬之赦之！

「臣又聞鳥獸微物也，依人而猶哀之；君臣大義也，傾忠能無憐乎？儻令臣進退之跡，不至醜思宗社之失，不自臣身，是臣死生之願畢矣，實存沒之幸也！豈惟存沒之幸也？實舉國之受賜也！豈惟舉國之受賜也？實天下之鼓舞也！皇天后土，實鑑斯言！」東都事略卷二

鉉見太祖，言曰：「李煜何罪？而陛下伐之！且煜事陛下，如子事父。」其說累數百言。太祖曰：

「爾謂父子為兩家可乎？」鉉等既還，煜復遣入奏，鉉言李煜事大之禮甚恭，以病未任朝謁，非敢拒詔，乞緩兵以全一邦之命。太祖怒，按劍謂鉉曰：「不須多言，江南亦有何罪？但天下一家，臥榻之側，豈容它人鼾睡！」鉉惶恐而退。東都事略，五代史記，宋史列傳第二百，徐鉉傳。但桯史則記「徐鉉奉命至，見太祖。曰：『李煜無罪，陛下師出無名！李煜如地，陛下如天，李煜如子，陛下如父。天乃能蓋地，父乃能庇子。』太祖曰：『既是父子，如何兩處喫飯？』鉉無以對。」較為生動。至歐陽公五代史記南唐世家末稱：「太祖皇帝之出師南征也，煜遣其臣徐鉉朝于京師。鉉居江南，以名臣自負。其來也，欲以口舌馳說存其國，其日夜計謀，思慮言語應對之際，詳矣。及其將見也，大臣亦先入請，言鉉博學有材辯，宜有以待之。太祖笑曰：『第去，非爾所知也。』」則方鉉之入汴，宋之君臣，視之為勁敵。鉉後仕宋，受詔與句中正等同校定說文，世稱大徐本，鍇著有說文繫傳及說文解字韻譜，習小學者至今衷之。

註：李後主為一風流才子，書、畫、詩、文、詞、音樂，無所不精，詞尤雄視百代。其君臨石城所作，清便婉約，及「違命」「明德」煜至汴，宋太祖令待罪明德樓下，封違命侯。，一變而為悲壯悽厲亡國之音。如被俘北上，渡中江望石城泣下詩：「江南江北舊家鄉，三十年來夢一場。吳苑宮闈今冷落，廣陵臺殿已荒涼。雲籠遠岫愁千片，雨打歸舟淚萬行。兄弟四人三百口，不堪閑坐細商量。」追敍辭廟北上，破陣子詞：「四十年來家國，三千里地山河。鳳閣龍樓連霄漢，玉樹瓊枝作煙蘿，幾曾識干戈？一旦歸為臣虜，沈腰潘鬢銷磨。最是倉皇辭廟日，教坊猶奏別離歌，揮淚對宮娥！」相見歡：「林花謝了春紅，太匆匆，無奈朝來寒雨晚來風。胭脂淚，相留醉，幾時重？自是人生長恨水長東！」又：「無言獨上西樓，月如鉤，寂寞梧桐深院鎖清秋。剪不斷，理還亂；是離愁？別是一般滋味在心頭！」浪淘沙：「簾外雨潺潺，春意闌珊，羅衾不耐五更寒。夢裏不知身是客，一晌貪歡。獨自莫凭欄，無限江山，別時容易見時難。流水落花春去也，天上人間！」虞美人：

「春花秋月何時了，往事知多少？小樓昨夜又東風，故國不堪回首月明中。雕闌玉砌應猶在，只是朱顏改。問君能有幾多愁？恰似一江春水向東流！」（據傳宋太宗銜其「故國不堪回首」之句，煜遂罹牽機毒藥之禍。）至今讀之，猶不禁故國之思。

按南唐李後主之多才多藝，活似北宋道君皇帝（公元一一〇一—一一二五年）。煜既入汴，太祖聞其好詩，使舉得意之聯，煜沈吟誦詠扇云：「揖讓月（古時用團扇如滿月）在手，動搖風滿懷。」太祖顧謂近臣，「好一箇翰林學士！」元世祖（公元一二七七—一二九四年）與臣下論宋徽宗，亦曰：「只是不會作皇帝！」兩箇才人，俱被皇位誤煞！

第三節　宋與契丹

第一目　寇準力贊澶淵之盟

宋自高梁河、岐溝關敗北而後，眞宗（公元九九八—一〇二二年）「景德初（公元一〇〇四年，遼聖宗統和二十二年），契丹通好，孫公僅（宋史無傳）奉使而往。屬修聘之始，禮未詳備，北人務豐腆，僅必抑而罷之，隨事損益俾合度，迄今信使往復，不改其制。故奉使鄰境自僅始。」（王文正公（曾）筆錄）是年三月，「威虜軍守將破契丹於長城口，追北過陽山，斬獲甚衆。」（宋史眞宗本紀二）釁端復起。十一月，契丹兵大入至澶州北，圍瀛州（今河北省河間縣），直犯貝（今河北省清河縣）、魏（圖索周世宗所取關南地），中外震駭。時寇準與參知政事畢士安同拜同中書門下平章事，告急之書，一日凡五至。準不發，飲笑自如。明日，同列以聞，帝大駭，以問準。準曰：「陛下欲了此事，不過五日爾。」因請幸澶州。帝難之，欲還內。準曰「陛下入則臣不得見，大事去矣，請勿還而行。」帝乃議親征，召羣臣問方略。參知政事若今政務委員王欽若，江南人也，請幸金陵；簽書樞密院事若今國防部長陳堯叟蜀人也，請幸成都。帝問準，準心知二人謀，陽若不知。曰：「誰為陛下畫此謀者，罪可誅也！今陛下神武，將臣協和，若大駕親征，賊自當遁去。不然，出奇以撓其謀，堅守以老其師。勞佚之勢，我得勝筭矣。奈何棄廟社欲幸楚蜀遠地，人心崩潰，賊乘勢深入，天下可復保邪？」遂請帝幸澶州，及至南城，契丹兵方盛時遼南京（即幽州燕京遼析津府，古冀州之地。）統軍蕭撻凜撻覽遂城（隋置。今河北省徐水縣西，宋置廣信軍，最鄰契丹。），軍望都（今河北省屬縣）。遼史聖宗本紀五，眾請駐蹕以覘軍勢。準因請曰：「陛下不過河指澶水，則人心益危，敵氣未懾，非所以取威決勝也。且王超領勁兵屯中山以扼其亢，李繼隆、石保吉分大陣以扼其左右肘，四方征鎮赴者日至：何疑而不進？」眾議皆懾，準力爭之，不決。出，遇高瓊于屏間。謂曰：「太尉瓊歷任節鎮受國恩，今日有以報乎？」對曰：「瓊武人，願效死！」準復入對，瓊隨，立庭下。準厲聲曰：「陛下不以臣言為然，盍問瓊等？」瓊仰奏曰，寇準言是瓊傳：「瓊曰『敵師已老，陛下宜親往以督其成。』」上悅，即日進幸澶淵。」宋史列傳四八。準曰：「機不可失，宜趣駕！」瓊即揮衛士進輦，帝遂渡河，御北城門樓澶州夾河有南北城，遠近望見御蓋，踴躍驩呼，聲聞數十里，契丹相視驚愕，不能成列。帝盡以軍事委準，準承制專決，號令明肅，士卒喜悅。敵數千騎乘勝薄城下，詔士卒迎擊，斬獲太半，乃引去。上還行宮，留準居城上。徐使人覘準何為？準方與楊億飲博，歌謔懽呼彷彿當年謝太傅。帝喜曰，準如此，吾復何憂？相持十餘日，其統軍撻覽（註）出督戰，時威虎軍頭張瓌守牀子弩，弩撼機發可能因怯戰栗，誤觸弩機。歐陽永叔集準

（詔言事上書：「前日澶淵之卒，幾爲國家生事。」正指此。），矢中撻覽額，撻覽死。乃密奉書請盟，準不從，而使者來請益堅，帝將許之。準欲邀使稱臣，且獻出十六州地。帝厭兵，欲羈縻而已。有譖準幸兵以自重者，準不得已許之。帝遣曹利用如軍議歲幣。曰：「百萬以下，皆可許也。」準召利用至幄，謂曰：「雖有敕，汝所許毋過三十萬；過三十萬，吾斬汝矣！」利用至軍，果以三十萬成約而還。河北罷兵，準之力也。準頗自矜澶淵之功，帝亦以此待準甚厚。王欽若嫉而讒之曰：「陛下敬寇準，爲其有社稷功耶？」帝曰：「然。」欽若曰：「澶淵之役，陛下不以爲恥，而謂準有社稷功，何也？」帝愕然。欽若曰：「城下之盟，春秋恥之，澶淵之舉，是城下之盟也。以萬乘之貴，而爲城下之盟，其何恥如之？」帝愀然。欽若因進言曰：「陛下聞博乎？」博者輸錢欲盡，乃罄所有出之，謂之孤注。陛下，寇準之孤注也，斯亦危矣！」由是帝顧準寖衰。丁謂更從而媒孽之，傾構日深，罷貶，南竄雷州司戶參軍。仁宗（公元一〇二三—一〇六三年）天聖元年（公元一〇二三年），詔徙衡州司馬，未聞命，卒于雷州。歿後十一年，贈中書令萊國公。（宋史列傳第四十寇準傳）

註：撻覽應作蕭撻凜。遼史列傳第十五本傳：「統和四年（宋太宗雍熙三年，公元九八六年），宋楊繼業率兵由代州來侵，攻陷城邑，撻凜以諸軍副部署從樞密副使耶律斜軫敗之，禽繼業于朔州（宋史作驍將楊業死之）。……俄召爲南京統軍使。二十二年，復伐宋，禽其將王先知，破其軍遂城，下祁州（今河北省安國縣），上手詔獎諭。進至澶淵，宋主軍于城隍間，未接戰，撻凜按視地形，中伏弩卒。」又遼史聖宗本紀（五）：「十一月，壬申次澶淵，蕭撻凜中伏弩死。」正是此人。撻覽，遼史作闥覽，姓蕭氏，國舅帳彰德軍節度使，見遼史聖宗本紀一統和二年二月癸巳下，爲另一人。

寇準，字平仲，陝西華州下邽人也。少英邁，通春秋三傳。年十九，舉進士。太宗取士，多臨軒顧問，喜老成。或教準增年，準曰：「準方進取，可欺君耶？」契丹之大入澶淵，其勢雖洶，遠不若唐初突厥頡利可汗再薄渭橋之偪也；王欽若，陳堯叟之策，一如唐初羣臣「去長安以止戎心」之故智也。然而唐則秦王與突利約爲昆弟，高祖偕重臣與頡利盟渭橋（第七章第三節第一目夾注），猶是城下之盟也，未聞有人訾高士廉、房玄齡爲以至尊爲孤注也。剛直敢任，蓋準之長，「不學無術」（張乖崖敬準讀霍光傳），則其所短，使稍具富鄭公之謙撝（詳下目），王欽若、丁謂之姦，豈能售耶？顧寇準以首相佐庸主（傅孟眞謂宋眞宗像箇道士），決大計（畢士安薦寇準，稱其「善斷大事。」），排衆議，卻鉅敵，能不謂爲大仁大智大勇社稷之功邪？微萊公，則趙宋偏安之局，早開始于公元一〇〇四年矣。（周輝淸波雜志：「魏野獻寇萊公詩『有官居鼎鼐，無地起樓臺』，傳播漠北。眞宗末，有北使詣闕，詢譯者曰『那箇是無地起樓臺相公？』時寇準居散地，即召還授北門管鑰。」當是準罷相知陝州，遷知天雄軍事，非眞宗末。）

第二目　曹利用議歲幣

曹利用，字用之，河北趙州寧晉人也。少喜談辯，慷慨有志操。澶淵之役，由走馬承受公事授閤門祗候崇儀副使，奉書詣契丹軍。帝語利用曰：「契丹南來，不求地則邀賂爾。關南地歸中國已久（自周世宗顯德六年取瀛莫易之地，至宋眞宗景德元年（公元九五九—一〇〇四年），凡四十五年。），不可許。漢以玉帛賜單于，有故事。」利用憤契丹，色不平。對曰：「彼若妄有所求，臣不敢生還！」帝壯其言，遂遣之。利用馳至契丹軍中，耶律隆緒（即遼聖宗）母見利用車上，車軛設横板布食器，召與飲食，其從臣重行坐。飲食畢，議關南地，利用拒之；契丹遣其臣韓杞來報。命利用再使契丹。隆緒母曰：「晉德我，畀我關南地，周世宗取之，今宜還我。」利用曰：「晉人以地畀契丹，周人取之，我朝不知也。若夫求金帛以佐軍，尚不知帝意可否？割地之請，利用不敢以聞！」其政事舍人高正始遽前，曰：「我引衆以來圖復故地，若止得金帛歸，則媿吾國人矣。」利用曰：「子曷爲契丹熟計？使契丹用子言，恐連兵結釁，不得而息，非國利也！」契丹度不可屈，和約遂定，利用奉約書以歸。擢上東閤門使，忠州刺史，賜第京師。契丹遣使來聘，輒命利用迎勞之。後位副相宋史列傳第四十九曹利用傳。利用性剛，悍梗少通，乾興末公元一〇二二年，劉太后權處分軍國事，中人貴戚稍能軒輊爲禍福，利用恃勳舊，不稍恤，竟構謫房州安置。至襄陽驛，投繯而絕。其次年，寇準亦卒貶所。澶淵兩功人，相繼讁死，天下寃之。史臣論利用「投身不測之淵，以口舌啖契丹，使河北七十年無鋒鏑之虞，勳業固偉矣。」越三十八年公元一〇四二年，而有富弼議歲幣之事。

第三目　富弼議增歲幣 遼行人劉六符附

富弼，字彥國，河南人，少篤學，有大度，范仲淹見而奇之，曰：「此王佐才也。」以其文示王曾、晏殊，殊以女妻之。仁宗公元一〇二三—一〇六三年復制科，仲淹謂弼，「子當以是進。」舉茂材異等，授將作監丞，簽書河陽判官，除鹽鐵判官；假修撰奉使契丹。仁宗慶曆二年公元一〇四二年，契丹屯兵境上，遣其臣蕭英、劉六符來求關南地，朝廷擇報聘使者，莫敢行。宰相呂夷簡素不悅弼，因是薦之。歐陽修引顏眞卿使李希烈事請留之事在唐德宗建中三年（公元七八二年），淮西節度使李希烈陷汝州，反形已彰。宰相盧杞銜恨顏眞卿，使往諭之，公卿皆失色，及希烈僭號，被害。，不報。弼卽入對，叩頭曰：「主憂臣辱，臣不敢愛其死。」帝爲動色。先以爲接伴。英等入境，中使迎勞之，英託疾不拜。弼曰：「昔使北，病臥車中，聞命輒起；今中使至而君不拜，何也？」英矍然起拜。弼開懷與語，英感悅，亦不復隱其情，遂密以其所欲者告。曰「可從，從之；不然，以一事塞之足矣。」弼具以聞，帝唯許增歲幣，仍以宗室女嫁太子。進弼樞密直學士。辭曰：「國家有急，義不憚勞，奈何逆以官爵賂之？」遂爲報聘使。

既至，六符來館客。弼見契丹主問故。契丹主曰：「南朝違約：塞鴈門，增塘水，治城隍，籍民兵，將以何爲？羣臣請舉兵而南，吾以謂不若遣使求地；求而不獲，舉兵未晚也。」弼曰：「北朝忘章聖皇帝（眞宗）之大德乎？澶淵之役，苟從諸將言，北兵無得脫者（時宋之兵力優于遼）。且北朝與中國通好，則人主專其利，而臣下無獲；若用兵，則利歸臣下，而人主任其禍。故勸用兵者，皆爲身謀耳。」契丹主驚曰：「何謂也？」弼曰：「晉高祖欺天叛君，末帝昏亂，土宇狹小，上下離叛，故契丹全師獨克。然壯士健馬，物故大半。今中國提封萬里，精兵百萬，法令修明，上下一心；北朝欲用兵，能保其必勝乎？就使其勝，所亡士馬，羣臣當之歟？抑人主當之歟？若通好不絕，歲幣盡歸人主，羣臣何利焉？」契丹主大悟，首肯者久之。弼曰：「塞鴈門者，以備趙元昊叛也（寶元元年（公元一〇三八年），元昊稱大夏帝，康定元年（公元一〇四〇年）及慶曆元年（公元一〇四一年）連入寇）。塘水始于何承矩，事在通好前；城隍皆修舊；民兵亦補缺，非違約也。」契丹主曰：「微卿言，吾不知其詳；然所欲得者，祖宗故地耳。」弼曰：「晉以盧龍賂契丹，周世宗復取關南地，皆異代事。若各求地，豈北朝之利哉？」

既退，劉六符曰：「吾人恥受金帛，欲十縣何如？」弼曰：「本朝皇帝言，『朕爲祖宗守國，豈敢妄以土地與人？北朝所欲，不過租賦爾。朕不忍多殺兩朝赤子，故屈己增幣以代之。若必欲得地，是志在敗盟，假此爲詞耳。』澶淵之盟，天地鬼神實臨之。今北朝首發兵端，過不在我。天地鬼神，其可欺乎？」明日，契丹主召弼同獵，引弼馬自近。又言，得地則歡好可久。弼反覆陳必不可狀。且言：「北朝既以得地爲榮，南朝必以失地爲辱；兄弟之國，豈可使一榮一辱哉？」獵罷，六符曰：「吾主聞榮辱之言，意甚感悟，今惟有結昏可議耳。」弼曰：「婚姻易生嫌隙，本朝長公主出降，齎送不過十萬緡，豈若歲幣無窮之利哉？」契丹主諭弼使歸，曰：「俟卿再至，當擇一受之。卿其遂以誓書來！」弼歸復命，復持二議。及受口傳之詞于政府以往。行次樂壽今河北省獻縣西南，謂副使張實曰：「吾爲使者而不見國書，脫書詞與口傳異，吾事敗矣。」啓視，果不同。卽馳還都，以晡時入見，易書而行。

及至，契丹不復求昏，專欲增幣。曰：「南朝遺我之詞當曰『獻』，否則曰『納』。」弼爭之。契丹主曰：「南朝既懼我矣，于二字何有？若我擁兵而南，得無悔乎？」弼曰：「本朝兼愛南北，故不憚更成，何名爲懼？按武英殿版本卷考證：「富弼傳『本朝兼愛南北，故不憚更成，何名爲懼？』臣蒨封按，「更成」二字，文義近晦，宋通鑑東都事略俱作『故屈己增幣』。」余按「屈己增幣」，爲富弼對劉六符時，轉述仁宗皇帝語，「更成」則其復往對契丹主之詞也。成，平也；平，和也。左傳僖十二年「齊侯使管夷吾平戎于王」；國語越語「荒成不盟」，「更成」謂更平，或更盟，文義不晦。或不得已，當以曲直爲勝負，非使臣之所知也。」契丹主曰：「卿勿固執，古亦有之。」弼曰：「自古惟唐高祖借兵于突厥，當時贈遺，或稱獻納，其後頡利爲太宗所禽，豈復有此禮哉？」弼聲色俱厲，契丹主知不可奪。乃曰：「吾當自遣人議之。」復使劉六符來。弼歸，奏曰：「臣以死拒之，彼奪氣矣，可勿許也。」朝廷竟以「納」字許之。

弼始受命，聞一女死，再命，聞一子生，皆不顧。又除樞密直學士，遷翰林學士，皆懇辭。曰：「增歲幣非臣本志，特以方討元昊（時范仲淹韓琦正用兵西夏），未暇與角，故不敢以死爭，其敢受乎？」（註）慶曆三年七月，復拜樞密副使。弼言：「契丹既結好，議者便謂無事，萬一敗盟，臣死且有罪。願陛下思其輕侮之恥，坐薪嘗膽，不忘修政。」以誥納上前而罷。踰月，復申前命，使宰相諭之，曰：「此朝廷特用，非以使遼故也。」弼乃受。至和二年（公元一〇五五年），拜同中書門下平章事，集賢殿大學士，與文彥博並命，宣制之日，士大夫相慶于朝（呂端兩使外域，虜主欽重。後虜使者至，則問曰：「呂公作相未？」（東都事略）與『無地起樓臺』之寇萊公，同爲域外所重。）。嘉祐六年（公元一〇六一年），丁內艱去位。英宗（公元一〇六四—一〇六七年）立，拜鎮海軍節度使，同中書門下平章事，判揚州，封祁國公，進封鄭。（宋史列傳第七十二富弼傳）

註：「富公晚年，見賓客譽其奉使之功，則面頸俱赤，人皆不喻其意，子弟于暇日以問公，公曰：『當吾使北時，元勳宿將皆老死久矣。後來將不知兵，兵不習戰，徒以聘問絡繹，恃以無恐。雖曲不在我，若與之較，則包藏禍心，事未可知。忍恥增幣，非吾意也。』」（朱弁曲洧舊聞）

富弼三使契丹，一爲泛使，兩議歲幣，本傳所載談判辭令，爲我國外交史之良好紀錄，而遼史（興宗本紀二重熙十一年）及劉六符傳俱于「納」作「貢」。蓋宋史諱屈辱，遼史誇強盛，若證以鄭公不言奉使之功，及「忍恥增歲幣，非吾意也」之語，其間委曲，似難爲異代局外人道也。歲幣幾何？增後若干？據太宰鄭居中于徽宗政和八年（公元一一一八年即重和元年），四月與蔡京廷辯，爲「歲幣五十萬疋兩」（即絹五十萬疋銀五十萬兩），較之曹利用景德時所許三十萬疋兩爲增三分二矣（三朝北盟會編卷一）。與富弼談判者，在遼爲劉六符，兩使宋索關南地。

劉六符者，唐朱滔甥范陽節度使劉怦之裔也，河間人。石敬瑭以盧龍賂耶律德光，怦孫守敬仕契丹爲南京（即燕京）留守，六符其四世孫也。第進士，有志操，能文。興宗重熙十一年（公元一〇四二年宋仁宗慶曆二年），與宣徽使蕭特末使宋，索十縣地（即關南地），還爲漢人行宮副部署。會宋遣歲幣以易十縣，復與耶律仁先使宋，定進貢名，宋難之。六符曰：「本朝兵精將勇，海內共知，人人願從事于宋，若恣其俘獲以飽所欲，與進貢字孰多？況大兵駐燕，萬一南進，何以禦之？顧小節，忘大患，悔將何及？」宋乃許之，歲幣稱「貢」（弼傳作「納」）。還，加同中書門下平章事。及宋幣至，命六符爲三司使以受之。（遼史列傳第十六劉六符傳）

宋之國力，遠遜于遼。方宋之興，兩次傾力北伐，皆未得志。岐溝關之敗，尤爲鉅創。據遼史聖宗本紀二統和四年（公元九八六年宋太宗雍熙三年），「五月庚午遼師與曹彬、米信戰于岐溝關，大敗之。追至拒馬河，溺死者不可勝紀。餘衆奔高陽，又爲遼師衝擊，死者數萬，棄戈甲若丘陵。輓漕數萬人匿岐溝空城中，圍之。……宋將楊繼業初以饒勇自負，號楊無敵，北據雲朔數州，至是引兵南出朔州，三十里至狼牙村，惡其名，不進。左右固請，乃行。遇耶律斜軫，伏四起，中流矢墮馬、被禽。瘡發，不食三日死，遂函其首以獻。」更證以寇萊公之言：「當吾使北時，元勳宿將，皆老死久矣，後來將不知兵，兵不習戰，徒以聘問絡繹，恃以無恐。」深得情實。遼之一味侵陵，與宋之報無能報，忍無可忍，寖假遂成海上之盟。宋不能角將傾之遼，詎能禦方興之金？遼亡矣（公元一一二五年），而宋之南渡（次年陷汴京），曾不旋踵焉！

第四節　宋與金　金行人張通古附

金之先，出靺鞨，亦號勿吉，古肅愼地也。元魏時，勿吉有七部。大者曰粟末，黑水。唐初有粟末靺鞨，黑水靺鞨。粟末靺鞨，後爲渤海，強盛，役屬黑水靺鞨。契丹盡取渤海地，黑水亦附屬之。在南者籍契丹，曰熟女直（亦作女眞）；在北者不籍契丹，曰生女直。地有長白山、黑龍江，所謂白山黑水是也。居完顏部，金水發源地，故姓完顏，亦名金源。併有渤海，謂本同一家。至烏古迺而大，稍役屬諸部；太祖阿骨打始有甲兵千餘人，遼人嘗言，「女直兵若滿萬則不可敵。」阿骨打知遼人之易與也，遂叛遼。以甲士千二百人破遼都統蕭糺里副都統蕭不撻野十萬之衆，卽皇帝位，建國號曰金，改元收國（公元一一一五年宋徽宗政和五年遼天祚帝天慶三年）。遼天祚失政，屢爲金敗，宋亦泛海使金約夾攻。（金史本紀二）

第一目　宋金海上之盟

海上結盟，由來尙矣。三國時代，吳大帝孫權（公元二二九—二五二年）使使遼東公孫淵，併力撓魏（第五章第三節第二目）；五代之際，南唐連契丹擾後周（南唐中主李景保大五年（公元九四七年後漢高祖天福十二年），「契丹遣使來聘，以兵部尙書賈潭報聘。」周世宗南征，詔數之曰：「勾誘契丹，入爲邊患。」五代史記），皆鮮成效，惟宋金海上之盟，實傾二國。

海上結盟之議，倡自馬植。馬植者，燕京霍陰（按卽漷陰縣，遼就漢泉山之霍村鎭置。延芳淀在縣東南，春時鵝鶩所聚，爲遼主弋獵之所。又有漷陰村，故亦名漷陰縣。遼史地理志人，涉獵書傳，有口才，能文辭，長于智數。徽宗政和元年（公元一一一一年），差節度使童貫副尚書鄭居中使遼，密覘其國。植見契丹數爲女直侵暴，邊害日深，賊盜蠭起，知契丹必亡。自言官遼光祿卿，願歸漢，遂說貫以邊事。二年，約其來歸，植數上書。奏言：

「願陛下念舊民遭塗炭之苦，復中國往昔之疆，代天譴責，以順代逆，天師一出，必壺漿來迎，願陛下速行薄伐。脫或後時，恐爲女直得志。蓋先動則制人，後動則制于人。」

上喜，賜姓名李良嗣，俄又賜姓趙，累遷至修撰。良嗣又時論遼人事以動朝廷，言多排闔。太師蔡京，太尉童貫主之，宰相王黼復爲兼弱攻昧之言，諂佞誑惑，僥倖一切之功。太宰鄭居中力言「不守兩國盟約，輒造事端爲非廟筭」，知樞密院事鄧洵武上書，乞「守信罷兵，保境息民」。且言：「今日議政之臣，孰如趙普？將帥之良，孰如（曹）彬（潘）美？甲兵精練，孰如國初？以太宗之神武，趙普之謀略，彬、美之爲將，百戰百勝，征伐四方，而獨于燕雲乃爾！」皆不聽。重和元年（公元一一一八年），童貫遂遣武議大夫馬政及良嗣繇登州航海至女直軍前議事，天下之釁，自此始矣。（三朝北盟會編卷之一）

蔡京、童貫、王黼之力主盟金攻遼，外欲收復漢地，實圖貪人之功，正朱勝非所云「僥倖一切之功」也。金史本紀上太祖天輔元年（公元一一一七年，徽宗政和七年），十二月，「宋使登州防禦使馬政以國書來。其略曰：『日出之分，實生聖人。竊聞征遼，累破勍敵。若克遼之後，五代時陷入契丹漢地，願畀下邑！』」二年，正月庚寅，「使散覩如宋報聘，書曰：『所請之地，今當與宋夾攻，得者有之。』」（金史交聘表上：「本朝自取，不在分割之議。」）蓋據當日諒解，金之所求在夾攻大遼，宋之所請，在貪復漢地，計議固未浹協也。兵興，宋前軍統制楊可世與遼將蕭幹戰白溝，敗績，遂詔班師（宋史徽宗本紀）。宣和四年（公元一一二二年天輔六年），河北河東路宣撫使童貫（蔡京子攸為副使）合遼怨軍郭藥師之師，掩攻燕京，師徒潰敗，是為宋履行和約僅有之夾攻行動，未有尺寸之功也。是年，金攻下之，揮師西伐，徇下山西郡縣。宋卽使趙良嗣、王暉如金議燕京西京地。次年，金以燕京及涿、易等州與宋，並詔平州（今河北省昌黎縣）官與宋使同分割所與燕京六州（涿易檀順景薊）之地，宋卽以郭藥師副王安中守之，而使馬政求西京之地。

金太宗天會元年（卽天輔七年公元一一二三年宣和五年）「正月宋又遣趙良嗣議燕京西京地，答書云：『如初約合攻，隨得者有之。今日我得，理應有報。』趙良嗣言：『奉命若得燕京，卽納銀絹二十萬疋，綾二萬疋，以代燕之稅。』二月，宋復遣趙良嗣來，定議加歲幣代燕地租稅，並議畫疆，遣使置榷場，復請西京等事。」（金史交聘表上）其年十一月，金以武（今山西繁峙縣）朔（漢馬邑地，今山西朔平縣。）二州與宋，金西南、西北兩路都統宗翰、宗望請勿割。太宗曰：「是違先帝之命也，其速與之！」其後卒以宗翰（宗翰宗望首請伐宋）言罷之。蓋是時金南京留守（治平州）張覺（遼史作瑴）叛，宗望敗之南京東，覺奔燕京（趙良嗣諫勿納），金因責宋納其叛人。郭藥師忿王安中不能庇覺而殺之，函其首以送宗望，深尤宋人，無自固志；及與宗望戰白河，兵敗，遂降。于是燕京復為金有，金且以為興戎口實，而邊釁啓矣。宗望以郭藥師為燕京留守，賜姓完顏氏，從之南侵，宗望之能懸軍深入，直薄汴京，約質、納幣、割地（太原中山河間三鎭）全師以歸者（此卽宣和七年（公元一一二五年金太宗天會三年）之役），郭藥師盡知宋虛實，能測宋之情，中其肯綮也。及兩鎭（濬滑）不受約束，郭藥師破順安軍，殺三千餘人。次年，金兵再南下，汴京淪陷，二帝北狩，南渡稱藩，童貫、趙良嗣俱伏誅。宋以復土求全始，以失地偏安終，海上締約，城下結盟，良可哀矣！史臣論郭藥師：「遼之餘孽，宋之厲階，金之功臣，以一人之身，而為三國之禍福，如是其不侔也」，旨哉言乎！金史本紀二，交聘表上，列傳第二十郭藥師傳。

第二目　李若水有死無二

李若水，字清卿，洺州今河北省永年縣曲周人，上舍登第為太學博士。欽宗靖康元年公元一一二六年，金太宗天會四年，開府儀同三司高俅死，故事，天子當挂服舉哀。若水言「俅以幸臣躐躋顯位，敗壞軍政，金人長驅，其罪當與童貫等，得全首領以歿，當追削官秩，示與衆棄。而有司循常習故，欲加縟禮，非所以靖公議也！」章再上，乃止。欽宗將遣使至金，議以賦入贖三鎮，詔舉可使者，若水在選中。若水本名若氷，詔對，惡其名。曰：「若猶弱也，氷猶兵也，兵不可弱。」三朝北盟會編卷五十二賜今名，遷著作佐郎，為使見粘罕即金史之宗翰于雲中。金館伴蕭慶、劉恩勞問甚歡。慶曰：「使副們因何事來？」若水曰：「為和議來。」次日，見粘罕，若水曰：「某等來時，面奉本朝皇帝聖旨，令若水等再三啓白國相元帥；前奸臣誤國，煞有施行，今日分差兩番使人前來，道至誠悔悟之意，願相國元帥以生靈為念，盟好為心，早與通和，則天下幸甚！」國相曰：「那收燕山時，殺了底許多人馬，是生靈也无？」若水曰：「某等面奉本朝皇帝聖訓，令某等再三啓白相國元帥，今欲以三鎮逐年所收租賦，悉奉貴朝，願休兵講好。」國相厲聲曰：「既有城下之盟，許割與它三鎮，那租稅便是這裏的，怎生更上說也？若如此，便是敗盟，不割三鎮。」若水曰：「緣三鎮軍民，未肯交割，故欲將逐年稅租奉貴朝，其利均一；止是愛省事，幸國相元帥開納！」國相曰：「公們不去勸諫貴朝皇帝，好教早割與它三鎮土地人民，便是好公事；卻這裏弄唇舌，想捎空（原注：謂脫空也。），恐使不得。」晉見再三，所議不諧。金軍亦頗遵「兵交使在其間」之禮，送羊二腔，酒三十瓶，錢一百貫，爲使副洗塵，並問使副鄉里生世。第五日，粘罕命左右取國書傳與若水，不得已搢笏領之。且曰：「使副們少間便回，如到京師，煩爲再三奏知貴朝皇帝，承遺奉使遠來，頒賜宸翰及禮物等，不勝感荷。爲軍行無物貢謝，伏望睿察！所諭三鎮租賦，不須言及，若差人速來交割土地人民，即便回軍通和；萬一不從，須索提兵直到汴京理會也。」若水等又欲起議，國相作色曰：「已在言前，不必再三！」次日南行，贈賄有加，伴使相送及五里許。（同書卷五十）

若水歸，上書乞救河北、河東：

「臣自深入金國，亂兵中轉側千餘里，回至關南，凡歷府者二，歷軍者二，歷縣者七，歷鎮寨四，並無本朝人馬。但見金人列營數十，官舍民廬，悉皆焚燬。缾罌牖戶之類，無一全者。惟井陘、百井、壽陽、榆次、徐溝、太谷等處，僅有名存，然已番漢雜處。祗應公皁皆曰，『力不能支』，脅令拜降，男女老幼，例被陵轢，日甚一日，尩殘窮苦，狀若幽陰間人。每見臣，知來議和，口雖不言，意實赴愬。往往以手加額，吁嗟哽塞，至于流涕。

「又于山下見有逃避之人，連綿不絕。聞各集散亡，卒立寨柵以自衛，持弓刀以捍賊。金人數遣人多方招誘，必被勦殺，可見仗節死義，力拒腥羶之意。臣竊惟河東河北兩路，涵浸祖宗德澤垂二百年，昨因蔡京用事，新政流毒，民不聊生；繼而童貫開邊，燕雲禍首，搜膏血以事空虛。丁壯疲于調發，產業蕩于誅求，道路呼號，訴泣無所，塗炭桎梏，誰其救之？陛下嗣位之初，力行仁政，獨此兩路，邊事未已。今戎馬憑陵，肆行攻陷，百姓何知？勢必脅從。而在邑之民，無逡巡向賊之意，處山之衆，有激昂死難之心，可謂不負朝廷矣。哀斯民之無辜，服斯民之有義。媿起顏面，痛在肺肝！望深軫聖衷，下哀痛之詔，慰民于既往，決采擇之計，拯民于將來，上答天心，下慰元元之望。」（同書卷五十七）

而金兵已南下。復假徽猷閣學士副知樞密院事馮澥，及同工部侍郎王雲，武功大夫馬識遠詣粘罕軍前議割三鎮地界。王、馬行至磁，百姓指為賊臣，撕擗之。若水在途，疊具奏言「和議必不可諧，宜申飭守備。」至懷州，遇金人大軍，見館伴蕭慶，問「緣何事來？」若水曰：「為和議來。」慶曰：「既是不肯交割三鎮土地人民，尚何事之可和？」及見粘罕，出差王雲、馬識遠前來交割三鎮國書。國相看罷，曰：「何不早如是？免令提兵到此。」並云：「昨已遣使往汴京，令以黃河為界，三鎮事更不須議。」既聞王、馬被害，怒曰：「盡是捎空相縱，且待提兵與李宣撫（即李綱）比勝負則箇！」遂以甲兵包擁若水等南來，而急攻城（同書卷六十三）。若水入見帝，具道其語。帝命宰臣何㮚行。㮚還，言粘罕、斡离不（即金史之宗望）欲與上皇相見。帝曰：「朕當往。」明日，幸金營，過信而歸（註）。擢若水禮部尚書，固辭。帝曰：「學士與尚書同班，何必辭？」請不已，改吏部侍郎。二年（即建炎元年），金人再邀帝出郊，帝殊有難色。何㮚獨以為「必須出，無它慮」（同書卷七十四），若水遂扈從以行。金人計中變，逼帝易服。若水抱持而哭，詆金人爲狗輩。金兵曳而出之，敗面，氣結仆地，衆皆散。留鐵騎數十守視。粘罕令曰：「必使李侍郎無恙！」若水絕不食。或勉之曰：「事無可爲者。公昨雖言，國相無怒心。今日順從，明日富貴矣。」若水歎曰：「天無二日，若水寧有二主哉？」其僕謝寧（卽若水虞侯，見會編卷七十八。），亦來慰解。曰：「公父母春秋高，若少屈，冀得一歸覲。」若水叱之曰：「吾不復顧家矣，『忠臣事君，有死無二！』然吾親老，汝歸，勿遽言，令兄弟徐言之，可也。」後旬日，粘罕召計事，且問不肯立異姓狀。若水曰：「上皇爲生靈計，罪己內禪，主上仁孝慈儉，未有過行，豈宜輕議廢立？」粘罕指宋朝失信。若水曰：「若以失信爲過行，公其尤也。」歷數其五事，曰：「汝爲封豕長蛇，眞一劇賊，滅亡無日矣。」粘罕令擁之去，反顧，罵益甚。至郊壇下，謂其僕謝寧曰：「我爲國死，職耳，奈併累若屬何？」又罵不絕口。監軍者撾破其脣，噀血罵，愈切至。以刄裂頸斷舌而死，年三十五。寧得歸，具言其狀。高宗卽位，下詔曰：「若水忠義之節，無與倫比。」贈觀文殿學士，諡忠愍。死後有人北方逃歸者云，金人相與言遼國之亡，死義者十數，南朝惟李侍郎一人，臨死無怖色。爲歌詩，卒曰：「矯首問天兮，天卒無言。忠臣效死兮，死亦何愆！」聞者悲之。（宋史列傳第二百五忠義李若水傳）

註：欽宗之初至金軍中，宗翰、宗望遣蕭慶來索降表而後見。帝命中書舍人孫覿草表，四示宗翰未當意，令爲四六對屬。帝命覿及內翰吳幵，宰輔何㮚共草成之。略曰：「三里之城，遽失藩籬之守，七世之廟，幾爲灰燼之餘。旣煩汗馬之勞，敢緩牽羊之請！」又曰：「上皇負罪以播遷，微臣捐軀而聽命。」帝覽訖，謂孫覿曰：「對屬甚切，非卿平日嫻習，安能及此？」（會編卷七十一）與李後

主乞恩表（第二節宋與南唐）並觀，曷勝今昔之感！

第三目　張通古詔諭江南

張通古，字樂之，易州易縣人。讀書過目不忘，該綜經史，善屬文。遼天祚天慶二年（公元一一一二年宋徽宗政和二年）進士第，補樞密院令史，丁父憂，起復，懇辭不獲，遯居興平。金太祖定燕京，割畀宋。宋人欲收人望，召之，通古辭謝，隱易州太寧山下。宗望復燕京，侍中劉彥宗素善通古，知其才，召爲樞密院主奏。天會四年，除中京（即遼之南京燕京）留守，爲詔諭江南使（事在金熙宗天眷元年（公元一一二一年宋高宗紹興八年）。據金史列傳第十五宗弼傳：「撻懶、宗盤執議以河南之地割賜宋，詔遣張通古等奉使江南。明年，宋遣端明殿學士韓肖胄奉表謝。宗弼察撻懶與宋人交通賂遺，遂以河南陝西與宋，奏請誅撻懶，復舊疆。是時宗盤已誅，撻懶在行臺復謀反。詔宗弼爲太子、領燕京行臺尚書省都元帥，泚誅撻懶。撻懶自燕京南走，將亡入宋，追至祁州（今河北省無極縣），殺之。」）。宋主欲南面，使通古北面。通古曰：

「大國之卿，當小國之君。天子以河南陝西賜之宋，宋約奉表稱臣，使者不可以北面。若欲貶損使者，使者不敢傳詔！」

遂索馬欲北歸。宋主遽命設東西位，使者東向，宋主西向受詔，拜起皆如儀（宋史列傳第一百三十王倫傳：「倫見通古，以二三策動之，通古恐。遂議以檜見金使于其館，受書以歸。」）。使還，聞宋已置戍河南，謂伴送韓肖胄（註）曰：

「天子裂壤地，益南國，南國當思圖報大恩；今輒置守戍，自取嫌疑，若興師問罪，將何以爲辭？江右且不可保，況齊乎？」（豫陝皆屬僞齊，先一年，金廢齊，降劉豫爲蜀王。）

肖胄惶恐曰：「敬聞命矣。」即馳白宋主，宋主遽命罷戍。通古至上京，具以白宗幹。且曰：「及其部置未定，當議收復。」宗幹喜曰：「是吾志也。」卽除參知行臺尚書省事。未幾，詔宗弼復取河南。通古先行至汴諭之，比至汴，宋人已去矣。或謂通古曰：「宋人先退，詐也。今聞自許、宿來襲我。」通古曰：「南人宣言來者，正所以走耳。」迺使人覘之，果潰去。宗弼撫髀笑曰：「誰謂書生不能曉軍事哉？」（金史列傳第二十一張通古傳）

註：韓肖冑，字似夫，相州安陽人，魏公琦曾孫，祖忠彥，父治。琦守相作晝錦堂，治作榮歸堂，肖冑又作榮事堂，三世守鄉，相人以爲榮。肖冑兩使金，一充通問使，再爲報謝使，金人知其家世，禮數有加（宋史列傳第一百三十八韓肖冑傳）。然其宗人昆弟行侂冑則遘戮尸函首之禍，隳其家聲。

第四目　洪皓一門三行人

宋自高宗南渡（公元一一二七年），「內無臥薪嘗膽之志，外無戰勝攻取之備」（趙范語宋史列傳第百七十六趙葵傳），徒效犬馬之能，頻使問安兩宮，「成兩國之好，申四海之養」（宋史列傳第百三十二朱弁傳），「凡使金者，如探虎口，能全節而歸若朱弁、張邵、洪皓，其庶幾乎！」（同傳論讚）而「皓忠義之聲聞天下」，其尤錚錚者也。

洪皓，字光弼，番易人，少具奇節，慷慨有經略四方志。登政和五年（公元一一一五年）進士第，王黼、朱勔皆欲昏之，力辭。宣和中爲秀州司錄，有惠于民，號洪佛子。建炎三年（公元一一二九年），五月，帝將如金陵，皓上書言，「內患甫平（苗傳劉正彥之亂），外敵方熾，若輕至建康，恐金人乘機侵軼。宜先遣近臣往經營，俟告辦，回鑾未晚。」不從。時議遣使金國，張浚薦皓于呂頤浩，召與語，大悅。帝以國步艱難，兩宮遠播爲憂。皓極言「天道好還，金人安能久陵中夏，此正春秋邲（楚勝晉）郢（吳勝楚）之役，天其或者警晉訓楚也。」帝悅，遷皓五官，擢徽猷閣待制，假禮部尚書爲大金通問使，龔璹（大到切）副之。令與執政議國書，皓欲有所易，頤浩不樂，遂抑遷官之命。時淮南盜賊蹕起，割據州郡，乃命皓兼淮南京東路撫諭使，皓悉心撫輯，頤浩反奏其託事稽留，貶二秩。皓遂出滁陽路自壽春由東京（卽開封）經順昌以抵太原，留幾一年，金遇使人禮日薄。及至雲中，宗翰迫二使仕劉豫（僞齊），皓曰：

「萬里銜命，不得奉兩宮南歸，恨力不能磔逆豫！忍事之邪？留亦死，不卽豫亦死，不願偷生鼠狗間，願就鼎鑊無悔。」

宗翰怒，將殺之。旁一酋唶（音借，歎聲也。）曰，「此眞忠臣也」，目止劍士，爲之跪請，乃流遞冷山。璹至汴受豫官。

雲中至冷山，行六十日，距金主所都（黃龍府）才百里。地苦寒，四月生草，八月飛雪，穴居百家，陳王悟室聚落也。悟室敬皓，使教其八子，或二年不給食，盛夏衣麤布。嘗大雪，薪盡，以馬矢燃火煨麪食之。或獻取蜀策，悟室以問皓，皓力折之。悟室銳欲南侵，曰：「孰謂海大？我力可乾，但不能使天地相拍爾。」皓曰：「兵猶火也，弗戢，將自焚，自古無四十年用兵不止者。」又數爲言：「所以來爲兩國事，既不受使，乃令深入教小兒，非古者待使之禮也。」悟室或答或默。忽發怒曰：「汝作和事官，而口硬如此，謂我不能殺汝邪？」皓曰：「自分當死，願大國無受殺行人之名，望投之水，以墜淵爲名可也。」悟室義之而止。

和議將成，悟室問所議十事，皓條析甚至。大略謂冊封乃虛名；年號本朝自有；金三千兩，景德所無；東南不宜蠶絹，不可增也。至于取淮北人，景德載書，猶可覆視。悟室曰「誅投附人，何爲不可？」皓曰：

「昔魏侯景歸梁，梁武帝欲以易其姪蕭明于魏，景遂叛，陷臺城，中國決不蹈其覆轍！」

悟室悟曰，「汝性直，不誑我，吾與汝如燕，遣汝歸議。」遂行如燕。

方二帝遷居五國城，皓在雲中，密遣人奏書，以桃梨粟麪獻，二帝始知高宗卽位。皓聞祐陵（徽宗）訃，北嚮泣涕。諱日，操文以祭，其辭激烈，舊臣讀之，皆揮涕。紹興十年（公元一一四〇年），因諜者趙德，書機事數萬言，藏故絮中，歸達于帝。言「順昌之役，金人震懼奪魄，燕山珍寶盡徙以北，意欲捐燕以南棄之。王師亟還，自失機會。今再舉，尚可。」十一年，又求得太后書。遣李微持歸。帝大喜曰，朕不知太后寧否幾二十年，雖遣使百輩，不如此一書。是冬，又密奏書曰：

「金已厭兵，勢不能久。異時以婦女隨軍，今不敢也。不若乘勢進擊，再造反掌爾。」又言：

「胡銓封事（註），此或有之，金人知中國有人，益懼，張丞相（卽張浚）名動異域，惜置之散地。」又問：

「李綱趙鼎安否？」

獻六朝御容，徽宗御書。其後梓宮及太后歸音，皓皆先報。

初，皓至燕，宇文虛中已受金官，因薦皓。金主聞其名，欲以爲翰林直學士，力辭之。皓有逃歸意，乃請于參政韓昉，乞于眞定或大名以自養。昉怒，始易皓官爲中京副留守，再降爲留司判官，趣行屢矣，皓乞不就職，昉竟不能屈。金法：雖未易官而曾經任使者，永不可歸。昉遂令皓校雲中進士試，蓋欲以計墮皓也，皓復以疾辭。未幾，金主以生子大赦，許使人還鄉，皓與張邵、朱弁三人在遣中。金人懼爲患，猶遣人追之，七騎及淮，而皓已登舟。十二年，七月，見于內殿，力求郡養母。帝曰：「卿忠貫日月，忠不忘君，雖蘇武不能過，豈可捨朕而去邪？」請見慈寧宮，帟人設簾。太后曰：「吾故識尙書。」命撤之，皓自建炎己酉（建炎三年）出使，至是還，留北中凡十四年（公元一一二九—一一四二年），同時使者十三人，惟皓、邵、弁得生還，而忠義之聲聞天下者，獨皓而已。

皓既對，退見秦檜，語連日不止。曰：

「張和公（即張浚，初封和公後封魏公。）金人所憚，乃不得用，錢塘暫居；而景靈宮、太廟皆極土木之華，豈非示無中原意乎？」

檜不懌（按皓所奏：順昌之捷，王師亟還，已甚忤檜。），謂皓子适曰：「尊公信有忠節，得上眷；但官職如讀書，速則易終而無味，須如黃鍾大呂乃可。」八月，除徽猷閣直學士、提舉萬壽觀兼權直學士院。金人來取趙彬等三十人家屬，詔歸之。皓曰：

「昔韓起請環于鄭，鄭小國也，能引義不與（詳第二章第六節公孫僑）。金既限淮，官屬皆吳人，宜留不遣，蓋慮知其虛實也。彼方困于蒙兀，姑示彊以嘗中國。若遽從之，謂秦無人，益輕我矣。」

檜變色曰：「公無謂秦無人。」既而復上疏曰：

「恐以不與之故，或致渝盟，宜告之曰，『俟淵聖（即欽宗）及皇族歸，乃遣。』」又言「王倫、郭元邁以身殉國，棄之不取，緩急何以使人？」

檜大怒，又因室撚寄聲（「室撚者，粘罕之左右也。初，粘罕行軍至淮上，檜嘗爲之草檄，爲室撚所見，故因皓歸寄聲。檜意士大夫莫有知者，聞皓語，深以爲憾。」宋史列傳第二百三十二秦檜傳），檜怒益甚。翌日，侍御史李文會劾皓不省母，出知饒州。明年，大水。中官白鍔宣言燮理乖盭（音戾），洪尚書名聞天下，胡不用？檜聞之，愈怒，繫鍔大理獄，尋流嶺表。諫官詹大方遂論皓與鍔爲刎頸交，更相稱譽。罷皓提舉江州太平觀。鍔初不識皓，特以從太后北歸，在金國素知皓名爾。它言者猶謂皓睥睨鈞衡，李勤又附檜誣皓作欺世飛語，責濠州團練副使，安置英州。居九年，始復朝奉郎，徒袁州，至南雄州卒，年六十八。死後一日，秦檜亦死。帝聞皓卒，嗟惜之，復敷文閣學士，贈四官。久之，復徽猷閣學士，謚宣忠。

皓雖久在北廷，不堪其苦，然爲金人所敬。所著詩文，爭鈔誦，求鋟梓。既歸，後使者至，必問皓爲何官？居何地？性急義，當艱危中不少變。懿節后之戚趙伯璘隸悟室戲下，貧甚，皓賙之；范鎮孫祖平爲傭奴，皓言于金人而釋之；劉光世庶女爲人豢豕，贖而嫁之。它貴族流落賤微者，皆拔以出。惟爲檜所嫉，不死于敵國，乃死于讒慝（趙構亦無心肝者：生不能用，死乃嗟惜。）！皓博學彊記，有文集五十卷，及帝王通要姓氏指南，松漠紀聞，金國文具錄等書。子适、遵、邁。（宋史列傳第一百三十二洪皓傳）

註：胡銓，字邦衡，廬陵人。以賢良方正賜對，除樞密院編修官。高宗紹興八年（公元一一三八年，金熙宗天眷元年），宰臣秦檜決策主和，金使張通古以詔諭江南爲名，中外洶洶。銓抗疏言曰：「臣謹案王倫本一狎

邪小人，市井無賴，頃緣宰相無識，遂舉使虜，專務詐誕。欺罔天聽，驟得美官，天下之人，切齒唾罵。今者無故誘致虜使，以詔諭江南爲名，是欲臣妾我也，是欲劉豫我也。劉豫臣事醜虜，南面稱王，自以爲子孫帝王萬世不拔之業，一旦豺狼改慮，捽而縛之，父子爲虜。商鑑不遠，而倫又欲陛下效之。夫天下者，祖宗之天下也，陛下所居之位，祖宗之位也；奈何以祖宗之天下，爲金虜之天下？以祖宗之位，爲金虜藩臣之位？陛下一屈膝，則祖宗廟社之靈，盡汙夷狄；祖宗數百年之赤子，盡爲左衽；朝廷宰執，盡爲陪臣；天下士大夫皆當裂冠毀冕，變爲胡服。異時豺狼無厭之求，安知不加我以無禮如劉豫也哉？夫三尺童子至無識也，指犬豕而使之拜，則怫然怒。今醜虜則犬豕也，堂堂大國相率而拜犬豕，曾童孺之所羞，而陛下忍爲之邪？倫之議乃曰，我一屈膝，則梓宮可還，太后可復，淵聖可歸，中原可得。嗚呼，自變故以來，誰不以此說啗陛下哉？然而卒無一驗，則虜之情僞，已可知矣。而陛下尚不覺悟，竭民膏血而不恤，忘國大讎而不報，含垢忍恥，舉天下而臣之甘心焉。就令虜決可和，盡如倫議，天下後世謂陛下何如主？況醜虜變詐百出，而倫又以姦邪濟之？梓宮決不可還，太后決不可復，淵聖決不可歸，中原決不可得。而此膝，不可再伸，國勢陵夷，不可復振，可爲痛哭流涕長太息矣！

「向者陛下間關海道，危如累卵，當時尚不忍北面臣虜；況今國勢稍張，諸將盡銳，士卒思奮！只如頃者醜虜陸梁，僞豫入寇，固嘗敗之于襄陽，敗之于淮上，敗之于渦口，敗之于淮陰，較之往時蹈海之危，固已萬萬。儻不得已而至于用兵，則我豈遽出虜人下哉？今無故而反臣之，欲屈萬乘之尊，下穹廬之拜，三軍之士，不戰而氣已索，此魯仲連所以義不帝秦；非惜夫帝秦之虛名，惜天下大勢有所不可也。今內而百官，外而軍民，萬口一談，皆欲食倫之肉。謗議洶洶，陛下不聞，正恐一旦變作，禍且不測。臣竊謂不斬王倫，國之存亡，未可知也。

「雖然，倫不足道也，秦檜以腹心大臣而亦爲之。陛下有堯舜之資，檜不能致君如唐虞，而欲導陛下爲石晉。近者禮部侍郎曾開等引古誼以折之，檜乃厲聲責曰，侍郎知故事，我獨不知？則檜之遂非愎諫，已自可見。而乃建白令臺諫侍臣僉議可否，是蓋畏天下議己，而令臺諫侍臣共分謗耳。有識之士，皆以爲朝廷無人。吁，可惜哉！孔子曰：『微管仲吾其披髮左衽矣。』夫管仲，霸者之佐耳，尚能變左衽之區，而爲衣裳之會；秦檜，大國之相也，反驅衣冠之俗，而爲左衽之鄉，則檜也不唯陛下之罪人，實管仲之罪人矣。

「孫近傅會檜議，遂得參知政事。天下望治，有如饑渴，而近伴食中書，漫不敢可否事。檜曰，『虜可和』，近亦曰，『可和』；檜曰，『天子當拜』，近亦曰『當拜。』臣嘗至政事堂三發問，而近不答，但曰，『已令臺諫侍從議矣。』嗚呼，參贊大政，徒取充位如此，有如虜騎長驅，尚能折衝禦侮邪？臣竊謂秦檜、孫近亦可斬也。臣備員樞屬，義不與檜等共戴天。區區之心，願斷三人頭，竿之藁街，然後羈留虜使，責以無禮。徐興問罪之師，則三軍之士，不戰而氣自倍。不然，臣有赴東海而死爾，寧能處小朝廷求活邪？」胡銓封事

「銓之初上書也，宜與進士吳師古鋟木傳之。金人募其書千金。」宋史列傳第一百三十三胡銓傳

适字景伯，皓長子也。幼敏悟，日誦三千言，皓使朔方，适年甫十三。紹興十二年與遵同中博學宏詞科，後三年，弟邁又中是選，由是三洪文名滿天下。孝宗隆興二年（公元一一六四年），二月，權直學士院，除中書舍人。時金人再犯淮，羽檄沓至，書詔塡委，咨訪疇答，率稱上旨。金旣尋盟，首爲賀生辰使。金遣同簽書樞密院高嗣先接伴，自言其父司空（按即高禎，金史有傳）有德于皓，相與甚驩，得其要領以歸。乾道元年（公元一一六五年），八月，拜參知政事，十二月，拜尚書右僕射，同中書門下平章事兼樞密使。适以文學聞望，遭時遇主，自兩制一月入政府，又四閱月居相位，又三月罷政。淳熙十一年（公元一一八四年）薨，年六十八，與父同壽。

邁字景盧，皓季子也。幼讀書，日數千言，過目輒不忘。以詞科除樞密檢詳文字。紹興三十二年（公元一一六二年），金世宗遣左監軍高忠建來告登位，且議和，邁爲接伴使，知閤門張掄副之。邁奏更接伴禮數凡十有四事。自渡江以來，屈己含忍多過禮，至是一切殺之，用敵國禮。凡遠迎及引接，金銀等皆罷。旣而高忠建有責臣禮，及取新復州郡之議，邁以聞。且奏言，「土疆實利不可與，禮際虛名不足惜。」一時議遣使報聘，邁旣持舊禮，折伏金使，慨然請行。于是假翰林學士充賀登位使，欲令金稱兄弟敵國，而歸河南地。夏四月戊子，邁辭行，書用敵國禮。高宗親札賜邁等曰：「祖宗陵寢隔闊三十年，不得以時洒掃祭祀，心實痛之。若彼能以河南地見歸，必欲居尊如故，正復屈己，亦何所惜！」邁奏言，「山東之兵未解，則兩國之好不成。」至燕，金閤門見國書，呼曰：「不如式！」抑令使人于表中改「陪臣」二字，朝見之儀，必欲用舊禮。邁初執不可，旣而金鎖使館，自旦及暮，水漿不通，三日乃得見。金人語極不遜。大都督懷忠議欲質留，左丞相張浩持不可，乃遣還。七月，邁回朝，則孝宗已即位矣。殿中侍御史張震以邁使金辱命，論罷之。乾道三年（公元一一六七年），拜中書舍人兼侍讀直學士院。父忠宣，兄适，遵皆歷此三職，邁又踵之。以端明殿學士致仕，淳祐二年（公元一一七五年）卒，年八十。邁兄弟皆以文章取盛名，躋貴顯，邁尤以博洽受知孝宗，謂其文備衆體，有容齋五筆，夷堅志行于世。（皓傳）

第五目　開禧恢復之役

開禧恢復之役，發自韓侂胄。侂胄字節夫，韓魏公琦曾孫也，以父任入官。孝宗淳熙末（公元一一八九年），以汝州防禦使知閤門事。孝宗崩，光宗以疾不能視事，宰相趙汝愚定策用皇太后旨命嘉王擴即皇帝位，是爲寧宗（公元一一九五—一二二四年）。侂胄有奔走太后所居慈福宮勞，欲推定策恩。汝愚曰：「我宗臣，汝外戚，何可言功？惟爪牙之臣則當推賞。」侂胄但遷宜州觀察使，由是缺望。時時乘間竊弄威福，修撰朱熹首被擠。慶元元年（公元一一九五年），汝愚罷相，謫永州（今湖南省零陵縣），侂胄慮它日復用，密諭衡守錢鍪圖之，汝愚抵衡，暴薨。更設僞學之日，以網括汝愚、朱熹門下知名士，臺諫迎合侂胄意，以攻僞學爲事，于是善類貶斥殆盡。四年，侂胄拜少保，封豫國公，旋遷太保，封平原郡王；六年，進太傅；嘉泰三年（公元一二〇三年），拜太師。侂胄以勢利蠱士大夫之心，一時困于久斥者，至損晚節以規榮進。陳自強以侂胄童子師，自選人不數年致位宰相，而蘇師旦，周筠又侂胄廝役也，亦皆預聞國政，超取顯仕，羣小阿附，勢焰熏灼，凡所欲爲，宰執惕息不敢爲異。或勸侂胄立蓋世功名自固者，于是恢復之議興。以殿前都指揮使吳曦爲興州（今陝西略陽縣）都統，識者多言曦不可主西師，必叛；侂胄不省。

開禧元年（公元一二〇五年金章宗泰和五年），侂胄除平章軍國事，除蘇師旦安遠軍節度使，辥叔似京湖宣撫使，鄧友龍兩淮宣撫使，程松四川宣撫使，吳曦四川宣撫副使兼陝西、河東招撫使，恢復中原。前軍小有克捷，侂胄乃議降詔趣諸將進兵。俄而敗耗頻傳，金人渡淮，攻廬、和、眞、揚；又攻襄陽、棗陽；吳曦叛于蜀，受金命稱蜀王。乃以丘崈代鄧友龍爲宣撫使，諉罪蘇師旦輩（宋史列傳第二百三十三韓侂胄傳），命知樞密院事張巖，以書赴金右丞相兼都元帥宗浩軍前乞和。宗浩以辭旨未順，卻之；諭以稱臣割地，縛送元謀姦臣。巖復遣方信孺齎寧宗誓書，致于宗浩，且言併發三使，賀天壽節及通謝，並報太皇太后謝氏之喪。書曰：

「方信孺還，遠貽報翰及所承鈞旨，仰見以生靈休息爲重，曲示包容，矜軫之意，聞命踴躍，私竊自喜，卽具奉聞，備述大金皇帝天覆地載之仁，與都元帥海涵春育之德。旋奉上旨，亟遣信使通謝宸庭，仍先令信孺再詣行省，以請定議，區區之愚，實恃高明，必蒙洞照。重布本末，幸垂聽焉！

「兵端之開，雖本朝失于輕信，然痛罪姦臣之蔽欺，亦不爲不早。自去歲五月，編竄鄧友龍，六月，又誅蘇師旦等；是時大國尙未嘗一出兵也，本朝卽捐已得之泗川，諸軍屯于境外者，盡令撤戍而南，悔艾之誠，于茲可見。惟是名分之論，今昔事殊。本朝皇帝本無佳兵之意，況關係至重，又豈臣子之所敢言？江外之地，恃為屏蔽，倘如來論，何以為國？大朝所當念察！至于首事人鄧友龍等誤國之罪，固無可逃；若使執縛以送，是本朝不得自致其罰于臣下。所有歲幣，前書已增大定（金世宗年號公元一一六一—一一八九年）所減之數，此在上國，初何足以為重輕？特欲藉手以見謝過之實。倘上國諒此至誠，物之多寡，必不深計。矧惟兵興以來，連歲創殘，賦入累蠲，若又重取于民，是甚元元無窮之困，竊計大朝，亦必有所不忍也。于通謝禮幣之外，別致微誠，庶幾以此易彼。

「其歸投之人，皆雀鼠媮生，一時竄匿，往往不知存亡，本朝既無所用，豈以去來為意？當隆興（孝宗年號公元一一六三—一一六四年）時，固有大朝名族貴將南來者（指蒲察徒穆、大周仁及蕭琦。「蒲察徒穆、大周仁以泗州降，蕭琦以軍百人降。」（宋史列傳第一百三十三胡銓傳）「蕭琦契丹望族，沈勇有謀，欲令盡領契丹降衆。」（第一百二十張浚傳）均在孝宗隆興元年（公元一一六三年）張浚督師北討之役。），洎和議之定，亦嘗約各不索取；況茲瑣瑣，誠何足云！倘大朝必欲追求，尚容拘刷。至于泗州等處驅掠人，悉當送還歸業。夫締新好者，不念舊惡，成大功者，不較小利。欲望力賜開陳，捐棄前過，闊略它事，玉帛交馳，歡好如初，海內寧謐，長無軍兵之事。功烈昭宣，德澤洋溢，鼎彝所紀，方冊所載，垂之萬世，豈有既乎？

「重惟大金皇帝誕節將臨，禮當修賀；兼之本國多故，又言合遣人使，接續津發。已具公移，冀望取接。伏冀鑒其至三至再有加無已之誠，亟踐請盟之諾，即底于成，感戴恩德，永永無極！誓書副本，慮往復遷延，就以錄呈。」

宗浩復張巖書，嚴加駁詰，曰：

「方信孺重以書來，詳味其辭，于請和之意，雖若婉遜，而所畫之事，猶未悉從，惟言當還泗州等驅掠而已；至于責貢幣，則欲以舊數爲增，追叛亡，則欲以橫恩爲例。而稱臣、割地、縛送姦臣三事，則並飾虛說，弗肯如約。豈以爲朝廷過求有不可從，將度德量力，足以背城借一，與我軍角一日勝負者哉？既不能強，又不能弱，不深思熟慮以計將來之利害，徒以不情之語，形于尺牘而勤郵傳，何也？

「兵者凶器，佳之不祥（按「佳兵不祥」，出老子道德經，「佳」即「惟」。），然聖人不得已而用之，故三皇五帝所不能免，夫豈不以生靈爲念？蓋犯順負義，有不可恕者。乃者彼國犯盟，侵我疆埸，帥府奉命征討，雖未及出師，姑以逐處戍兵，隨宜捍禦，所向摧破，莫之敢當，執俘斬馘，不可勝計，餘衆震慴，靡然奔潰。是以所侵疆土，旋即底平，爰及泗州，亦不勞而復。今乃自謂捐其已得，斂軍撤戍，以爲悔過之效，是豈誠實之言？據陝西宣撫司申報，『今夏宋人犯邊者十餘次，並爲我軍擊退，梟斬捕獲，蓋以億計。』夫以悔艾罪咎，移書往來丐和之間，乃暗遣賊徒，突我守圉，冀乘其不虞，以僥倖豪末；然則所謂來請和者，理安在哉？

「其言名分之諭，今昔事殊者，蓋與大定之事固殊矣。本朝之于宋國，恩深澤厚，莫可殫述。皇統（金熙宗年號公元一一四一｜一一四九年）謝章，可概見也。至于世宗皇帝，俯就和好，三十年間，恩澤之渥，夫豈可忘？江表舊臣于大定之初，以失在正隆（金主亮年號公元一一五六｜一一六一年），致南服不定，故特施大惠，易爲姪國以鎮撫之。今以小犯大，曲在于彼，既以絕大定之好，則復舊稱，于理爲宜。若爲非臣子所敢言，在皇統時何故敢言，而今獨不敢，是又誠然乎哉？

「又謂江外之地，將爲屏藩，割之將無以爲國。夫藩籬之固，當守信義；如不務此，雖長江之險，亦不可恃，區區兩淮之地，何足屏蔽而爲國哉？昔江左六朝之時，淮南屢嘗屬中國矣。至後周顯德間，南唐李景獻廬、舒、蘄、黃，劃江爲界，是亦皆能爲國。既有如此故實，則割地之事，亦奚不可？自我師出疆，所下州軍縣鎮，已爲我有，未下者，卽當割而獻之。今方信孺齎到誓書，乃云疆界並依大國皇統、彼之隆興年已畫爲定；若是則旣不割彼之地，又翻欲得我之已有者，豈禮也哉？

「又來書云，通謝禮幣之外，別備錢一百萬貫，折金銀各三萬兩，專以塞再增之責；又云歲幣添五萬兩疋，其言無可準。況和議未定，輒前具載約，擬爲誓書；又直報通謝等三番人使，其自專如此，豈協禮體？此方信孺以求成自任，臆度上國，謂如此徑往，則事必可集。輕瀆誑紿，理不可容！尋具奏聞，親奉聖訓。昔宣靖（指宣和靖康）之際，棄信背盟，我師問罪，嘗割三鎮以乞和。今旣無故興兵，蔑棄盟誓，雖盡獻江淮之地，猶不足以自贖。況彼國嘗自言叔父姪子與君臣父子，略不相遠；如能依舊稱臣，卽許以江淮之間，取中爲界，陝西方面，並以大軍已占爲定據。元謀姦臣，必使縛送。緣彼懇欲自致其罰，可令函首以獻！

「外歲幣雖添三萬兩、疋，止是復皇統舊額而已，安得爲增？可令更添五萬兩、疋，以表悔謝之實。向汴梁乞和時，嘗進賞軍之物，金五百萬兩，銀五千萬，表緞裏絹各一百萬，牛馬騾各一萬，駞一千，書五監。今卽江表一隅之地，與昔不同，特加矜憫，止令量輸銀一千萬兩，以充犒軍之用。方信孺言語反覆，不足取信，如李大性、朱致和、李璧、吳琯輩，似乎忠實，可遣詣軍前稟義。據方信孺詭詐之罪，過于胡昉。然自古兵交，使人容在其間，姑放令回報。伏遇主上聖德寬裕光大，天覆地容，包荒宥罪，其可不欽承以仰副仁恩之厚？儻猶有所稽違，則和好之事，勿復冀也！夫宋國之安危存亡，將繫于此，更期審慮，無貽後悔！」（金史列傳第三十一宗浩傳）

「侂冑得報，大喜過望。乃召張巖于建康，罷為福建觀察使。歸罪蘇師旦，貶之嶺南。是時李璧已為參政，不可遣；朱致和、吳琯已死；李大性知福州，道遠不能遽至；乃遣左司郎中王柟（王倫之子）來。至濠州，（完顏匡代宗浩為元帥）使人責以稱臣等數事，柟以宋主、侂冑情實為請，依請康二年（公元一一二七年即建炎元年）正月請和故事，世為伯姪國，增歲幣為三十萬兩、疋，犒軍錢三百萬貫。蘇師旦等和議定，當函首以獻。柟至汴，以侂冑書上元帥府。匡復詰之，柟懇請曰：『此事實出朝旨，非行人所專。』匡察其不妄，乃具奏章宗（公元一一八九－一二〇八年），詔匡移書宋人，當函侂冑首，贖淮南地；改犒軍錢為銀三百萬兩，于是宋吏部侍郎史彌遠定計殺韓侂冑，彌遠知國政，和好自此成矣。廷議：諸軍已取關隘不可與。王柟以宋參政錢象祖書來，略曰：

『竊惟昔者修好之初，蒙大金先皇帝許以畫淮為界。今大國遵先皇帝聖意，自盱眙至唐鄧，畫界仍舊。是先皇帝惠之于始，今皇帝全之于後也。然東南立國，吳蜀相依，今川陝關隘，大國若有之，則是撤蜀之門戶；不能保蜀，何以固吳？已增歲幣至三十萬，通謝為三百萬貫。以連歲師旅之餘，重以喪禍，豈易辦集？但邊陲既開，和議區區悔艾之實，不得不黽勉遵承。又蒙聖畫，改輸銀三百萬兩，在本朝宜不敢固違；然傾國資財，竭民膏血，恐非大金皇帝棄過圖新，兼愛南北之意也。主上仁慈寬厚，謹守信誓，豈有意于用兵？止緣侂胄啓釁生事，迷國罔上，以至于斯。是以奮發英斷，大正國典，朋附之輩，誅斥靡貸。今大國欲斬送韓侂胄首，是未知其已死也。侂胄實本庸愚，怙權輕信，有誤國事；而致侂胄誤國者，蘇師旦也。師旦既貶，侂胄尙力庇之。屬方信孺妄言已死，近推究其事，師旦已斬首。儻大國終惠川陝關隘，所畫銀兩，悉力祗備，師旦首函，亦當傳送，以謝大國。本朝與大國通好以來，譬如一家叔姪，本自協和，不幸奴婢交鬥其間，遂成嫌間。一旦猶子翻然悟悔，斥逐奴隸，引咎謝過，則前日之嫌，便可銷釋；奚必較錙銖毫末，反傷骨肉之恩乎？惟吳蜀相爲首尾，關隘繫蜀安危，望敢備奏，始終主盟，使南北遂息肩之期，四方無兵革之患，不勝通國至願！』

「是時陝西宣撫司請增新得關隘戍兵萬人，王柟狀稟：『如蒙歸川陝關隘，韓侂胄首必當函送，遵上國之命。』匡奏曰：『關隘之事，臣初亦惑之。今當增戍萬人，壁壘之役，餽餫之勞，費用必廣，祖宗所以不取者，以關隘僅自保耳，非有益于戰也。設能入寇，縱之平地，以鐵騎蹂之，無一得脫。彼哀祈不已者，以前日負固，尙且摧覆；今遂失之，是無一日之安也。必謂兵力得之，不可賜還；則漢上諸郡，皆膏腴耕桑之地；棗陽、光化歸順之民數萬戶，較之陝右，輕重可知：獨在陛下決之耳！』詔報曰：『侂胄渠魁，既請函首，宋之悔服，可謂誠矣。』匡乃遣王柟還，復書曰：

『宋國負渝盟之罪，自陳悔艾。主上德度如天，不忍終絕，優示訓諭，許以更成，所以覆護鎭撫之恩，至深至厚。昨奉聖訓，如能斬送韓侂胄，徐議還淮南地。來書言韓侂胄已死，將以蘇師旦首易之，飾詞相紿如此！至于犒軍銀兩，欲俟歸關隘，然後祇備，是皆有咈聖訓。及王柟狀稟，如蒙歸還川陝關隘，其韓侂胄首必當函送；聖訓令斬送侂胄首者，本欲易淮南地，陝西關隘不預焉。王柟所陳，亦非元畫事理，不敢專決。具奏奉旨：朕以生靈爲念，已貰宋罪，關隘區區，豈足深較？既能函韓侂胄首，陝西關隘，可以賜還。今聖訓如此，其體大國寬仁矜恤曲從之意，追修誓書，齎遣通謝人使赴闕！』

「王柟之歸也，匡要以先送叛亡驅掠，然後割送淮南川陝，及彼誓書草本有犯廟諱，文義有不如體制者，諭令改之。宋人以叛亡驅掠，散在州縣，一旦拘刷，未易聚集。今已四月，農事已晚，邊民連歲流離失所，扶攜道路，即望復業，過此農時，遂失一歲之望。歲幣犒軍物多，非旬月可辦。錢象祖復以書來，略曰：

『竊見大金皇帝前日聖旨，如能斬送韓侂胄首，沿淮之地，並依皇統、大定已畫爲定；又覩今來聖旨，既能送韓侂胄首，陝西關隘，可併還賜，以此仰見聖慈寬大，初無必待發遣驅掠官民，然後退兵交界之語。誓書草本添改處，先次錄本齎呈（民國五年，日本提二十一條覺書，繼以「最後通牒」，限期將屆，日使日置益請先閱復文稿，甚類此。曹汝霖一生之回憶一〇〇面），並將侂胄首函送，及管押納合道僧、李全家口一併發還。其使人禮物歲幣等，已起發至眞揚間，伺候嘉報，迤邐前去界首，以俟取接。』

匡得錢象祖書，即具奏報。詔曰：『朕以生靈之故，已從請稱臣割地，尙且闊略，區區小節，何足深較？其侂胄、師旦首函及諸叛亡至濠州，即令通謝人使入界，軍馬即當撤還，川陝關隘，候歲幣犒軍銀兩至下蔡，畫日割賜。』

「匡得詔書，即以諭宋使人如詔書從事。泰和八年（公元一二〇八年宋寧宗嘉定元年）四月乙未，宋獻韓侂胄、蘇師旦首函至元帥府，匡遣平南撫軍上將軍紇石烈貞以侂胄、師旦首函，露布以聞。五月丁未，遣戶部尚書高汝礪，禮部尚書張行簡奏告天地，武衛指揮使徒單鏞奏告太廟，御史中丞孟鑄告社稷。是日，上御應天門，立黃麾仗，受宋馘。尚書省奏露布，親王百官起居上表稱賀，獻馘廟社，以露布頒中外，竿侂胄、師旦首幷二人畫像于通衢，百姓縱觀，然後漆其首，藏之軍器庫。」（金史列傳第三十六完顏匡傳）

金世宗大定年間，承海陵暴虐之後，休養生息，國以大治，與南宋講解，寢兵垂三十年，及章宗泰和之初，南北猶相安無事也。韓侂胄假恢復之虛名，招僇辱之慘禍，爲宋、金末葉一大事，余故不憚煩備錄金史宗浩、完顏匡兩傳有關議和來往文書，以成此一談判往來文書之完整紀錄。用示金人之彊愎自肆，咄咄逼人，而方信孺口舌之功爲不可沒也。謂爲韓侂胄別傳，亦無不可。而金人「縛送元謀」之要求，即現代「懲治戰犯」之創例也。

第六目　方信孺口舌折彊敵

方信孺，字孚若，興化軍人。有雋材，未冠能文，周必大、楊萬里見而異之。以父蔭補番禺縣尉，遷蕭山丞。韓侂胄舉恢復之謀，諸將僨軍，邊釁不已，朝廷尋悔，金亦厭兵，遣韓元靚來使，而都督府（張巖）亦再遣壯士遺敵書，然皆莫能得其要領。近臣薦信孺可使，召赴都，命以使事。信孺曰：「釁開自我，金人設問首謀，當何以答之？」侂胄矍然。假朝奉郎、樞密院詳檢文字，充樞密院參謀官，持督帥張巖書，通問于金國元帥府。至濠州，金帥紇石烈子仁止之獄中，露刃環守之，絕其薪水，要以五事（按卽稱藩、割地、歲幣、反俘、及縛送首謀。）信孺曰：「反俘歸幣，可也，縛送首謀，于古無之；稱藩割地，則非臣子所忍言。」子仁怒曰：「若不望生還耶？」信孺曰：「吾將命出國門時，已置生死度外矣。」至汴，見金左丞相都元帥完顏宗浩（卽金史之內族宗浩），出就傳舍。宗浩使將命者來，堅持五說，且謂稱藩割地，自有故事。信孺曰：「昔靖康倉卒割三鎮，紹興以太母故暫屈，今日顧可爲故事耶？此事不獨小臣不敢言，行府亦不敢奏也，請面見丞相決之。」將命者引而前，宗浩方坐帳中，陳兵見之，云「五事不從，兵南下矣。」信孺辯對不少詘。宗浩叱之曰：「前日興兵，今日求和，何也？」信孺曰：「前日興兵復讎，爲社稷也。今日屈己求和，爲生靈也。」宗浩不能詰。授以報書曰：「和與戰，俟再至決之。」信孺還。詔侍從、兩省、臺諫官議所以復命。衆議：還俘獲，罪首謀，增歲幣五萬，遣信孺再往。

時吳曦已誅，金人氣頗索，然猶執初議。信孺曰：

「本朝謂增幣已爲卑屈，況名分地界哉？且以曲直校之，本朝興兵在去年四月，若貽書誘吳曦，則去年三月也，其曲固有在矣。如以彊弱言之：若得滁、濠，我亦得泗、漣水；若夸浦橋之勝，我亦有鳳凰山之捷；若謂我不能下宿、壽，若圍廬、和、楚，果能下乎？五事已從其三，而猶不我聽；不可，再交兵耳！」金人見信孺忠懇，乃曰：「割地之議姑寢，但稱藩不從，當以叔爲伯，歲幣外別犒師可也。」

信孺固執不許。宗浩計窮，遂密與定約。復命，再差，充通謝國信所參謀官，奉國書誓草，及許通謝百萬緡，抵汴。宗浩變前說，怒信孺不曲折建白，遽以誓書來，有誅戮禁錮語，信孺不爲動。將命曰：「此事非犒軍錢可了，別出事目。」信孺曰：「歲幣不可再增，故代以通謝錢，今得此求彼，吾有隕首而已。」將命曰：「不爾，丞相欲留公。」信孺曰：「留于此死，辱命亦死，不若死于此。」會蜀兵取散關，金人益疑。

信孺還，言敵所欲者五事：「割兩淮一，增歲幣二，犒軍三，索歸正等人四」，其五不敢言。侂胄再三問，至厲聲詰之。信孺徐曰：「欲得太師頭耳！」侂胄大怒，奪三秩，臨江軍居住。信孺自春至秋，使金三往返，以口舌折彊敵，金人計屈情見，然憤其不屈，議用不就。已而王柟出使定和議，增歲幣函首，皆前信孺所持不可者。柟白廟堂，「信孺辯折敵酋于彊愎未易告語之時，信孺當其難，柟當其易。」柟每見金人，必問信孺安在？公論所推，敵人不能掩也。乃詔信孺自便，尋知韶州，累遷淮東轉運判官兼提刑知眞州。山東初內附，信孺言：「豪傑不可以虛名駕馭，武夫不可以弱勢彈壓，宜選威望重臣，將精兵數萬，開幕山東，以主制客，以重馭輕，則可以包山東，固江北，而兩河在吾目中矣。」坐責降三秩。信孺性豪爽，揮金如糞土，所至賓客常滿。使北時，年才三十。既齟齬歸，營居室巖竇，放于詩酒。後貲用竭，賓客零落，信孺亦死矣。（宋史列傳第一百五十四方信孺傳）

第九章　元之行人

第一節　元之先世述略

蒙古之先，出自突厥蒙兀，姓博爾濟錦氏，金人謂爲韃靼，易之。酋海都始稱罕，四傳至合不勒罕，有威望，降服蒙古諸部，殺金使者，金亦殺其從弟嗣罕俺巴該以報。合不勒罕第五子忽圖剌繼爲罕，糾諸部復仇，敗金人于境上，大掠而去，時金熙宗皇統三年（公元一一四三年宋高宗紹興十三年）也。其後，金大定間童謠云「達達來，達達去，趁得官家沒去處」。金世宗聞之曰，「此必韃靼將爲國患」，乃下減丁之令，用兵北邊，恣行殺戮；蒙古諸部，銜仇刺骨，亦出爲金邊患。金乃築長城以限之，而使汪古部守其要隘。及太祖伐金，汪古部反爲蒙古嚮導。太祖名帖木眞，部長也速該長子也。也速該爲部長十三年，屢伐金，征討還師生太祖，因名曰帖木眞，以志武功，時金主亮貞元三年（公元一一五五年宋高宗紹興二十五年）也。也速該死時，帖木眞才十三歲，彊健多智力，諸部莫能敵。金世宗大定二十九年（公元一一八九年）稱罕。滅西夏（公元一二二七年），翦金源，降服南俄，蕩平西域（今中東近東之地），分建伊兒、欽察（即金帳汗）、察合台、窩闊台四大藩國，席捲歐亞，亙古所未有也。公元一二〇六年（宋寧宗開禧二年金章宗泰和六年），帖木眞即皇帝位，羣下上尊號曰成吉思。蒙語成爲氣力強固，吉思爲多數也。太祖崩，第三子窩闊台立，是爲太宗。太祖臨終爲左右曰：

「金精兵在潼關，南據祁連，北限大河，難以遽破。若假途于宋，金、宋之世仇也，必許我。則由唐、鄧直搗大梁，金雖撤潼關之兵以自救，然千里赴援，士馬俱疲，吾破之必矣。」

太宗四年（公元一二三二年宋理宗紹定五年金哀宗天興元年），十二月，遣王檝使于宋，議夾攻金人（「權工部尚書趙范言：宣和海上之盟，厥初甚堅，迄以取禍，其事不可不鑑。」宋史理宗本紀紹定六年），宋使鄒伸之來報命，許以成功之後，歸宋河南地。（新元史本紀序紀太祖紀上下太宗紀）

及世祖（公元一二六〇年—一二九四年）至元八年（公元一二七一年宋度宗（公元一二六五—一二七四年）咸淳七年）十二月乙亥，建國號曰大元（公元一二七一—一三六七年），蓋取易經乾元之義。（新元史世祖本紀二）

第二節　王檝使宋約攻金

王檝字巨川，鳳翔虢縣人，性倜儻，弱冠舉進士第，乃入終南山讀書。泰和中，詣闕上書論當世務，金主俾給事縉山元帥府。用元帥高琪薦，特賜進士出身，授副統軍，守涿鹿。太祖將兵南下，檝鏖戰三日，兵敗見執。將戮之，神色不變。太祖問曰：「汝曷敢敵我，獨不懼死乎？」對曰：「臣以布衣，受金主恩；今既僨軍，得死爲幸！」帝義而釋之，授都統，從征伐宣撫有功。太宗元年（公元一二二九年金哀宗正大七年宋理宗紹定二年），從大軍入關中，克鳳翔。請于太宗曰：「此城鄉邑也，願入城訪求親族」，得族人數十口以歸。五年，奉命持國書使宋，以兀魯剌副之，宋人甚爲禮重，卽遣使以金幣入貢。檝前後凡五往（六年，王檝使于宋，責宋人敗盟，宋遣鄒伸之、李復禮等來報謝。新元史太宗本紀），以和議未決，卒于宋，宋人重賵之，仍遣使歸其柩。（新元史列傳第四十一王檝傳）

第三節　元使多被囚殺

蒙古之用兵斡羅斯(新元史用語)及西域諸國也，「飄忽淩厲」，「合圍把矟，獵取之若禽獸然，鞭弭所屬，指期約日，萬里不忒。」(郝經奏語)有雷霆萬鈞之力，秋風掃葉之勢。行人之迹，殆不易考索。其出使金、宋之人，則往往艱困其行，甚至囚執殺害，史不絕書。如李邦瑞于太宗二年(紹定三年)奉使于宋，至寶應，不得入。未幾，命復往，諭行省尚書李全護送，宋仍拒之。復奉詔以行，道出蘄黃，宋遣賤者來迓，邦瑞怒，叱之，宋改命行人，乃定約而還(新元史列傳第四十一李邦瑞傳)，蓋三往復始成行焉。太宗末，月里麻思使于宋，宋人囚之；至元中張羽使宋，爲宋人所殺。

太宗時使金被殺者有唐慶。慶事太祖爲管軍萬戶，權元帥左監軍，二十五年，賜虎符使金。太宗四年，復以慶爲國信使取金質子，督歲幣，以金曹王來見帝于官山。七月，使慶再往，令金主黜帝號，稱臣。金飛虎軍夜半入館舍，殺慶及其弟山祿、興祿，並從者十七人，金主不問，和議遂絕。金滅，購慶屍不得(註)。(金史列傳第四十一李邦瑞傳)

羽字飛卿，陝西人，以千戶議事中書省。至元十三年(公元一二七六年宋恭帝德祐二年即元帥下臨安之年)，大兵渡江，羽請至臨安，爲陳禍福，抵中江，宋人殺之。而郝經之被拘，十又六年焉。

註：太祖本紀盡二十二年，無二十五年(新元史)。唐慶之死，金史繫在哀宗天興元年(即元太宗四年)：「七月甲申，飛虎軍事(應疑作士)原福、蔡元擅殺北使唐慶等三十餘人，詔貰不問，和議遂絕。」(金史哀宗紀)太宗四

年，卽蒙古約宋夾攻金人之年，越二年，蒙古滅金。元史稱十七人，而金史倍之者，意者金禦蒙古，節節敗退，聊快飛虎之舉，故張其數以自振，遂貫而不問邪。

第四節　郝經留宋十六年

郝經，字伯常，其先潞州人，徙澤州陵川。祖天挺，有重名，元好問之師也。金末，避地河南魯山；金亡，徙順天，爲守帥張柔、賈輔所知，延爲上客。二家藏書皆萬卷，經博覽，學日進。憲宗元年（公元一二五一年，宋理宗淳祐十一年），世祖皇帝開幕金蓮川（在漠南），召經諮以時務。及伐宋，勸世祖布德惠不以力，屢上書論知進退、識存亡之機，存典章、立綱紀之道，藻飾王化，偃戈卻馬，文致太平，世祖深韙其言，欲大用之。時王文統當國，忌之，思擠之于外。中統元年（公元一二六〇年，宋理宗景定元年），世祖議遣使于宋告卽位，且徵前日請和之議，仍勅沿邊諸將勿鈔掠。經入辭，請與蒙古人偕往。帝不許，曰：「卿等往卽可。彼之君臣，皆書生也。」或謂經，宋人譎詐，當以疾辭。經曰：「自南北構亂，兵連禍結，苟能弭兵靖亂，吾學爲有用矣。雖蹈不測之淵，吾所甘心也。」既行，文統陰屬李璮侵宋，欲假手害經。經至濟南，璮以書止之，經奏其事于朝。宋敗璮軍于淮安。經至宿州，遣副使劉仁傑、參謀高翿（音桃）請入國期，不報；移書宰相（時爲賈似道）及淮帥李庭芝，庭芝復書果疑經，而賈似道方以卻敵爲功，恐經至謀泄，館經眞州。經乃表奏宋主曰：

「願效魯連之義，排難解紛，豈知唐儉（唐人，唐書有傳。）之徒，款兵誤國。」

又數上書宋主及執宰，極陳戰和利害，且請入見及歸，皆不報。驛吏棘垣鑰戶，晝夜守邏，欲以動經，經不屈。經待下素嚴，又久羈困，多怨者。經諭曰：「嚮受命不進，我之罪也；一入宋境，死生進退，聽其在彼，我終不能屈身辱命。汝等不幸，宜忍以待之。我觀宋祚將不久矣。」

至元十二年，丞相伯顏南伐，帝遣禮部尚書中都海牙及經弟行樞密院都事庸入宋，問執行人之罪。宋懼，遣總管段佑以禮送經歸。似道之謀既泄，尋竄死。經道病，帝遣樞密院官及尚醫，近侍迎勞，所過父老瞻望流涕。明年夏，至闕，賜宴內廷，賞賚有差。秋七月，卒，年五十三，官為護喪還葬，諡文忠。經為人尚氣節，為學務有用，及被留，思託言傳後，潛心著述。拘使館十六年，開封民射鴈金明池，得繫帛詩云：

「霜落風高恣所如，歸期回首是春初，上林天子援弓繳，窮海纍臣有帛書。」

後題曰：「中統十五年九月一日放鴈，獲者勿殺。國信大使郝經書于眞州忠勇軍營新館。」時南北隔絕，經不知改元，故題曰中統十五年云。（新元史列傳第六十五郝經傳）

第五節　趙良弼使日本

蒙古既臣屬高麗，銳欲介之以通好日本，獎其內附，蓋欲以無外之名高天下。世祖至元三年（公元一二六六年），高麗兩遣使導蒙古國信使副兵部侍郎黑的，禮部侍郎殷宏齎璽書及國贐以往。日本吏民拒不納，留置使人凡五閱月，館待甚薄。黑的等忿，虜島民塔次郎、彌四郎而返。黑的、殷宏復命，獻所執。

帝大喜，謂塔次郎等曰：

「爾國朝覲中國，其來尚矣。今朕欲爾國王來朝，非以逼汝也，但欲垂名于後世耳。」

資給甚厚。六月，帝命高麗送塔次郎、彌四郎還，且命中書省牒日本言其事，日本仍不報，以故不得要領。

七年十二月，帝擇廷臣可使日本者，陝西宣撫趙良弼請行。良弼，字輔之，趙州贊皇人，本女直朮要甲氏，譌為趙家，因以趙為氏（新元史列傳五十五）。遂授良弼秘書監，充國信使，給兵三千人為護送。良弼辭，獨與書狀官二十四人發。八年九月，高麗使通事別將偕良弼至日本之筑前今津，津吏欲擊之。良弼捨舟登岸，喻旨，乃延良弼等入板屋，嚴兵守之。翼日，其筑後長藤原給資率兵往詰難不已，求國書。良弼曰：

「國書宜獻于王所；若不允，則傳之大將軍，不然，不敢釋手。」

數日，給資復往，謂良弼曰：

「我國自太宰府以東，上古使臣未有至者。今汝國遣使至此，而不以國書授，何以示信？」

良弼曰：

「隋文帝遣裴清來，王郊迎成禮，唐太宗、高宗遣使皆得見王。何獨不見我國使臣乎？」

乃出國書副本授之，日本仍不答，令太宰府遣人送良弼等對馬島。

良弼既見拒，無以復命，太宰府守護官，亦恐開釁于中國，異日兵禍不易弭。乃私與良弼約，遣彌四郎等十二人，僞稱使介，從書狀官張鐸入朝，帝召見鐸，宴勞之。鐸奏曰：「趙良弼遣臣來言，『去歲九月與日本國人彌四郎等，至太宰府西守護所，守者云，曩爲高麗所給，屢言上國來伐；豈知皇帝好生惡殺，先遣行人下示璽書。然王京去此尚遠，願先遣人從使者回。』故良弼遣臣偕彌四郎等至京師。」

帝疑其詐，命翰林學士承旨和禮霍孫問姚樞、許衡，皆對曰：「誠如聖算。彼懼我加兵，故發此輩偵吾強弱耳。宜示之寬仁，且不應聽其入境。」帝從之。

十年三月，良弼復至太宰府，又爲日本所拒。六月，良弼歸，帝問其始末。良弼曰，「臣至太宰府，數其不恭罪，諭以禮意。太宰府愧服，求國書。」臣曰：「必見汝國王始授之。往復數四，至以兵脅臣，終不與。但以副本示之。」後又聲言：「大將軍以兵十萬來求書。」臣曰：「不見國王，甯持我首去，書不可得也。」日本知臣不可屈，遣使介十二人入覲。帝曰：「卿可謂不辱君命矣。」良弼具記日本君臣、爵號、州郡、名姓、風俗、土宜上之。帝又問用兵之策，良弼具奏不宜以有用之民力，塡無窮之巨壑。帝不從。發兵十萬，命范文虎將之，伐日本。遇颶，「有用之民力」，竟「塡無窮之巨壑」焉。新元史日本國傳

良弼使日，備受脅拒，然其具記日本國情，固不失周禮之意，諫沮對日用兵，尤著先見之明。

第十章　明之行人

第一節　明太祖攘元安元

明（公元一三六八｜一三九八年）太祖（公元一三六八｜一三九八年）洪武元年（公元一三六八年）之命徐達、常遇春等北伐也，七月辛卯，諭達曰：

「中原之民，久爲羣雄所苦，流離相望，故命將北征，拯民水火。元祖宗功德在人，其子孫罔恤民隱，天厭棄之；君則有罪，民復何辜？前代革命之際，肆行屠戮，違天虐民，朕實不忍。諸將克成，毋肆焚掠，妄殺人。元之宗戚，咸俾保全。庶幾上答天心，下慰人望，副朕伐罪安民之意。不恭命者，罰無赦！」

達復進曰，「元都克而其主北走，將窮追之乎？」帝曰，「元運衰矣，自行澌滅，不煩窮兵。出塞之後，固守疆宇，防其侵軼可也。」（明史列傳第一百二十五徐達傳）八月庚午，達克元都，順帝走開平（今多倫縣），達遣將巡古北諸隘口。三年，三月，達大破擴廓帖木兒于沈兒峪，盡降其衆，擴廓走和林（元故都，今庫倫西南）。丙戌，元帝崩于應昌（今熱河省經棚縣以西，及察哈爾省北部之地），子愛猷識里達臘嗣。五月甲辰，李文忠克應昌，元嗣君北走，獲其子買的里八刺。六月壬戌，李文忠捷奏至。癸酉，買的里八刺至京師，羣臣請獻俘。帝曰：「武王伐殷，用之乎？」省臣以「唐太宗嘗行之」對。帝曰：「太宗是待王世充耳，若遇隋之子孫，恐不爾也。」又以捷書多侈辭，謂宰相曰：

「元主中國百年，朕與卿等父母，皆賴其生養，奈何爲此浮薄之言？亟改之！」

乙亥，封買的里八剌爲崇禮侯。（明史太祖本紀二）

其後成祖（公元一四〇三－一四二三年）更于永樂元年（公元一四〇三年）給以大寧（今熱河省平泉縣）、朵顏（今熱河省朝陽赤峯以北之地）、福餘（今吉林省長春）三衞之地，俾元之子孫得以游牧棲息。宰相胡惟庸及涼公國藍玉之被夷滅（事在洪武十三年及二十六年），與夫建文（公元一三九九－一四〇二年）名臣方孝孺之株戮十族（事在惠帝建文四年），不能謂朱元璋、朱棣父子非忮刻成性，一代梟雄；而獨于蒙古種姓保全安輯，恩數有加，既擅光復河山之功，兼有存亡繼絕之美，則深得「以大字小」及「以德報怨」之道，而爲　國父三民主義「中國境內民族一律平等」主張之所自出也。乃知所謂「攘夷」云者，「侵軼」則攘之，服則「保全」之（春秋魯隱公十一年（周桓王八年公元前七一二年），「鄭莊公入許。」左氏傳曰：「許無刑而伐之，服而舍之」；唐太宗命李勣等尉安辥延陀，詔之曰：「降則撫之，叛則擊之」；高宗調露元年公元六七九年，使裴行儉送波斯王子泥涅復國，至安西碎葉而返，即存亡繼絕也。），初無民族歧視或讎恨存在于其間，如邇來赤色帝國主義者之所爲，必使其境內少數民族日就泯滅，然後快于心也。

第二節　明洪武前之外交活動

元順帝（公元一三三三－一三六七年）至正十二年（公元一三五二年），明太祖朱元璋起兵于濠，始附郭子興爲親兵，戰輒有功。子興弱，太祖度無足與共事，乃獨與徐達、湯和、費聚等南略定遠，攻滁州，下之。十六年，二月，既下集慶路，改爲應天府（今南京），爲吳國公。次第略定江表，召才儁，收人心。時劉福通已破汴梁，迎韓林兒都之，國號宋，建元龍鳳；陳友諒據龍興路（今江西省境，明改洪都府。），盡有江西、湖廣（今兩湖）之地，國號漢，建元大義；張士誠據吳，有江浙徐海之地，建元天祐（據錢文爲天佑，說見拙著閒話往事古泉雜記。）；方國珍據有慶元（今浙江省龍泉縣與福建省政和縣接壤之地。）、溫、臺之地，數叛數降元不常；天完徐壽輝舊將明玉珍據重慶路，稱隴蜀王，至正二十二年，卽皇帝位，國號夏，建元天統。而友諒居上游，舟師十倍太祖，爲西鄰勁敵（太祖本紀）。林兒、福通爲元將察罕帖木兒、李思齊，及張士誠將呂珍所破滅；其餘羣雄，雖煩征討，而外交活動，殆一如光武（公元二五—五七年）初年焉。

第一目　明與陳友諒

至正二十一年，三月，太祖與陳友諒戰于鄱陽湖，大敗之康郎山。友諒進退失據，太祖凡兩移書友諒。其略曰：

「吾欲與公約從，各安一方，以俟天命。公失計，肆毒于我，我輕師間出，奄有公龍興十一郡。猶不自悔禍，復構兵端，一困于洪都，再敗于康郎，骨肉將士，重罹塗炭。公卽幸生還，亦宜卻帝號，坐待眞主，不則喪家滅姓，悔晚矣。」

友諒得書，忿恚不報，大戰涇江口，中流矢貫睛及顱死，其太子被執，次子理載其屍，遁還武昌。明年，二月，太祖親征，理降，封歸德侯。洪武五年（公元一三七二年）及明玉珍子歸義侯昇並徙高麗。（明史列傳第十一陳友諒傳太祖本紀一）

第二目　明與張士誠

太祖下集慶之年，卽遣楊憲通好于張士誠，首稱光武之諭隴右，書曰：

「昔隗囂稱雄于天水，今足下亦擅號于姑孰，事勢相等，吾深爲足下喜。睦鄰守境，古人所貴，竊甚慕焉。自今信使往還，勿惑讒言，以生邊釁！」

士誠得書，留憲不報。已而士誠以舟師攻鎭江，敗于龍潭；援常州，復大敗，乃以書求和。太祖責其歸楊憲，歲輸糧五十萬石，士誠復不報。其後徐達等攻取長興、江陰、常州，徇宜興，攻常熟俘其弟士德。士德者善戰有謀，得士心，浙西地皆其所略定，旣被禽，士誠大沮，遂降元，授太尉。仍襲有杭州，戕元行省長官，而自海道由方國珍輸糧十一萬石于元大都，歲以爲常。當是時，士誠所據，南抵紹興，北踰徐州，達于濟寧之金溝，西距汝、潁、濠、泗，東薄海，二千餘里，帶甲數十萬，以兵攻常州、江陰、建德、長興，輒不利去。而太祖遣將攻湖州、紹興、杭州，亦不能下。會太祖與陳友諒相持，未暇及，友諒亦遣使約士誠夾攻太祖，而士誠欲守境觀變，許使者，卒不行。

太祖旣平武昌，命徐達等規取淮東，悉定淮北地。于是移檄平江，數士誠八罪。二十六年，大軍攻平江（士誠都，今吳縣。），太祖貽書招之曰：

「古之豪傑，以畏天順民爲賢，以全身保族爲智，漢竇融、宋錢俶是也。爾宜三思，勿自取夷滅爲天下笑！」

士誠不報。二十七年，九月，城破，士誠拒戶自縊，部將趙世雄解之。舁出葑門，至金陵，自縊死。（同卷張士誠傳 太祖本紀一）

第三目　明與方國珍

至正十八年，太祖下婺州。冬，十二月，命主簿蔡元剛使慶元，招諭方國珍。次年，三月，國珍遣使奉書進黃金五十觔，白銀百觔，文綺百匹，太祖復遣鎮撫孫養浩報之。國珍請以溫、臺、慶元三郡獻，且遣次子關爲質，太祖卻其質，厚賜而遣之。冬，十月，復使博士夏煜往，授國珍行省平章事。國珍名獻三郡，陰持兩端。煜既至，乃詐稱疾，言老不任職，惟受平章印誥而已。太祖察其情，以書諭之曰：

「吾始以汝豪傑，識時務，故命汝專制一方。汝中懷叵測，欲覘我虛實，則遣侍子，欲卻我官爵，則稱老病。夫智者轉敗爲功，賢者因禍成福，汝審圖之。」

是時國珍治海舟爲元漕張士誠粟十餘萬石于京師，元累進國珍官浙江行省左丞相衢國公，分省慶元，國珍受之，特以甘言謝太祖，無內附意，得諭書，竟不省。太祖復諭以隗季孟、公孫子陽之事：

「福基于至誠，禍生于反覆，隗囂、公孫述故轍可鑒，大軍一出，不可虛詞解也。」

國珍詐窮，復陽爲惶懼謝罪，以金寶飾鞍馬獻，帝復卻之。明年，太祖兵下瑞安，進逼溫州。國珍恐，請歲輸白金三萬兩給軍。俟杭州下，即納土歸命。吳元年（公元一三六四年 元至正二十四年），下杭州，國珍據境自如。遣間諜假貢獻名，覘勝負，又數通好于擴廓帖木兒（元河南王）及陳友定（元福建分省平章），圖爲犄角。太祖聞之，怒，貽書數其十二罪，復責軍糧二十萬石。國珍惟日夜運珍寶、治舟楫爲航海計。

二十七年，九月，太祖已破平江，命參政朱亮祖攻臺州，進克溫州，平南將軍湯和以大軍長驅抵慶元，國珍帥所部遁入海，追敗之盤嶼，部將相次降。國珍乃遣子關奉表乞降，曰：

「臣聞天無所不覆，地無所不載。王者體天法地，于人無所不容。臣荷主上覆載之德舊矣，不敢自絕于天地，故一陳悃衷。

「臣本庸才，遭時多故，起身海島，非有父兄相藉之力，又非有帝制自爲之心。方主上雷霆電擊，至于婺州，臣愚即遣子入侍，固已知主上有今日矣。將以依日月之末光，望雨露之餘潤，而主上推誠布公，俾守郡如故吳越事。臣遵奉條約，不敢妄生節目。子姪不戒，潛搆釁端，猥勞問罪之師，私用戰兢，用是俾守者出迎，然而未免浮海，何也？孝子之于親，小杖則受，大杖則走，臣之情勢，適與此類。即欲面縛，待罪闕廷，復恐嬰斧鉞之誅；使天下後世，不知臣得罪之深，將謂主上不能容臣，豈不累天地大德哉？」

蓋幕下士詹鼎詞也。太祖覽而憐之，賜書曰：

「汝違吾諭，不即斂手歸命，次且（同趑趄）海外，負恩實多。吾當以汝此誠爲誠，不以前過爲過。汝勿自疑！」

遂促國珍入朝。面讓之曰，「若來得毋晚乎？」國珍頓首謝。授廣西行省左丞，食祿不之官。數歲，

卒于京師。（同卷方國珍傳、太祖本紀一）

第四目　明與明玉珍

明玉珍之勢，視陳、張、方諸人爲弱，勝兵不滿萬人。玉珍素無遠略，然性節儉，頗好學，折節下士，什一賦民，蜀人亦安便之。卽皇帝位後，取巴州、興元（今陝西省南鄭）。至正二十四年，使參政江儼通好于太祖，太祖遣都事孫養浩（曾使方國珍）報聘，遺玉珍書，以三國情勢相況：

「足下處西蜀，予處江左，蓋與漢季孫劉相類。近者王保保（河南沈丘人，元順帝賜名擴廓帖木兒。至正中，中原大亂，拜太尉，封河南王，總天下兵權。明滅元，順帝北奔，太子嗣立，仍委以國事，嘗敗明師于和林。太祖屢招之，不應，稱爲「天下奇男子」。）以鐵騎勁兵，虎踞中原，其志殆不在曹操下。使有謀臣如（荀）攸（荀）彧，猛將如（張）遼（張）郃，予兩人能高枕無憂乎？予與足下，實唇齒邦，願以孫劉相吞噬爲鑒！」

自後信使往來不絕。至正二十六年，玉珍死，子昇嗣，年甫十歲，遣使告哀，已又遣使入聘，太祖亦遣侍御史蔡哲報之。洪武元年，太祖克元都，昇奉書稱賀。二年，太祖遣使求大木。昇遂並獻方物，帝答以璽書。其冬，遣平章楊璟諭昇歸命，不從。璟復遺昇書曰：

「古之爲國者，同力度德，同德度義，故能身家兩全，流譽無窮；反是者輒敗。足下幼沖，席先人業，據有巴蜀，不咨至計而聽羣下之議，以瞿塘劍閣之險，一夫負戈，萬人無如之何，此皆不達時變以誤足下之言也。昔據蜀最盛者，莫如漢昭烈；且以諸葛武侯佐之，綜核官守，訓練士卒，財用不足，皆取之南詔（即雲南）。然猶朝不謀夕，僅能自保。今足下疆場，南不過播州，北不過漢中，以此準彼，相去萬萬；而欲藉一隅之地，延命頃刻，可謂智乎？我主上仁聖威武，神明響應，順附者無不加恩，負固者然後致討。以足下先人通好之故，不忍加師，數使使諭意；又以足下年幼，未歷事變，恐惑于狂瞽，失遠大計，故復遣璟面諭禍福。深仁厚德，所以待明氏者不淺，足下可不深念乎？

「且向者如陳張之屬，竊據吳楚，造舟塞江河（言陳友諒舟師之壯大），積糧過山岳（言張士誠倉廩之充實），強將勁兵，自謂無敵。然鄱陽一戰，友諒授首，旋師東討，張氏面縛：此非人力，實天命也。足下視此何如？友諒子竄歸江夏，王師致伐，勢窮銜璧。主上宥其罪愆，剖符錫爵，恩榮之盛，天下所知。足下無彼之過，而能翻然覺悟，自求多福，則必享茅土之封，保先人之祀，世世不絕，豈不賢智已哉？若必欲崛強一隅，假息頃刻，魚遊沸鼎，燕巢危幕，禍害將至，恬不自知；璟恐天兵一臨，凡今為足下謀者，它日或各自為身計以取富貴。當此之時，老母弱子，將安所歸？禍福利害，瞭然可睹，在足下審之而已。」

昇終不聽。

三年，太祖遣使假道征雲南，昇不奉詔。四年，命中山侯湯和為征西將軍，江夏侯周德興、德慶侯廖永忠副之，率舟師由瞿塘；潁川侯傅友德為征虜前將軍，濟寧侯顧時副之，率步騎由秦隴伐蜀。昇師吳建平（今巫山）太守吾彥（晉書列傳第二十七參考拙著侏儒類稿卷二考證八）故智，遣人以鐵索橫斷瞿塘峽口，鑿兩岸石壁引鐵索為飛橋，用木板置礮以拒。及湯和、廖永忠破瞿塘關，燒斷飛橋鐵索迫重慶，成都亦降于傅友德，昇面縛輿櫬，與母彭及官屬降于軍門。送京師，授歸義侯，賜第京師。洪武五年，及歸德侯陳理並徙高麗。（同卷明玉珍傳 太祖本紀二）

第三節　明與淸

明之國防，重點在九邊（遼東、薊州、宣府、大同、山西、延綏、寧夏、固原、甘肅。），此太祖「固守疆宇防侵軼」之寶訓與規模也。而愛新覺羅氏繼遼金元之後，仍肇基塞外，入主中原。

愛新覺羅氏，其先蓋金遺部。始祖布庫里雍順定三姓之亂，居長白山東、俄漠惠之野、俄朵里城，號其部族曰滿洲，是爲滿洲之始。元于其地置軍民萬戶府，明初，置建州衞。至孟特穆移居蘇克蘇滸河赫圖阿喇。孫覺昌安盡收五嶺東、蘇克蘇滸河西、二百里諸部，由此遂盛。覺昌安有子曰塔克世，努爾哈赤其長子也，是爲太祖。明世宗（公元一五二二—一五六六年）嘉靖三十八年（公元一五五九年）生，偉儀表，有大志，沈機內蘊，豁達大度，發聲若鐘，睹記不忘。神宗（公元一五七三—一六一九年）萬曆十一年（公元一五八三年），努爾哈赤起兵尼堪外蘭，克圖倫城。十四年，始與明通貢，明歲犒金幣有差。其後二年，統一建州衞。十七年，明以之爲建州衞督都僉事。二十五年，使弟舒爾哈赤貢于明；二十六及二十九年，努爾哈赤兩入貢于明。三十二年，明授努爾哈赤龍虎將軍。四十二年，有明使自稱督都，努爾哈赤語之曰：「吾識爾，爾遼陽無賴蕭子玉也。吾非不能殺爾，恐貽大國羞。語爾巡撫，無復相詐。」努爾哈赤以歸徠日衆，疆域日廣，于赫圖阿喇即位爲愛育列國英明皇帝，國號後金，建元天命，時萬曆四十四年（公元一六一六年）也。天命三年，二月，壬辰伐明，以七大恨告天，文曰：

「我祖宗與南朝看邊進貢，忠順已久，忽將二祖無罪加誅（萬曆十一年，總兵李成梁攻古勒城（李成梁傳作寨）之役），恨一；我與北關（即葉赫），同是外藩，事一處異，恨二；漢人私出挖參，遵約傷毀，勒要十夷償命，恨三；北關與我，同屬夷類，衞彼拒我，畸輕畸重，恨四；北關許字滿洲之女，改嫁蒙古，恨五；逼令退地，田禾丟棄，恨六；蕭伯芝大作威福，百般欺辱，恨七。」

攻撫順，陷之。明年，伐葉赫（蒙古土默特旗，扈倫四部之一，今吉林省伊通縣及其附近地。），經略楊鎬遣使議罷兵，覆書拒之。鎬督師二十萬戰于薩爾滸，敗績，遂滅葉赫。明以熊廷弼爲遼東經略，旋罷，以袁應泰代之。六年（公元一六二一年，明熹宗（公元一六二一—一六二七年）天啓元年），復伐明，取瀋陽，乘勝趨遼陽，袁應泰兵潰，自焚死，遂遷都遼陽。明復以熊廷弼爲經略。七年，攻廣寧，巡撫王化貞遁，游擊孫得功以城降，進兵山海關，走熊廷弼。十年，奠都瀋陽。（清史太祖本紀）

努爾哈赤卒，第八子皇太極立，是爲太宗，改元天聰，時明天啓七年也。明寧遠巡撫袁崇煥遣李喇嘛及都司傅有爵等來弔，並賀即位，遣方吉納、溫塔石偕李喇嘛往報，且遺書曰：

「頃停息干戈，遣使弔賀，來者以禮，故遣官陳謝。昔皇考往寧遠時，曾致璽書言和，未獲回答，如其修好，答書以實，勿事文飾。」

崇煥不以聞，而令使齎還。天聰元年（公元一六二八年，明思宗（公元一六二八—一六四三年）崇禎元年），復遣方吉納、溫塔石遺書崇煥，言興師由七大恨，並約其議和及每歲餽報之數。崇煥遣杜明忠偕方吉納等以書來，並李喇嘛書，欲釋恨修好，惟請減金幣之數，而以稱兵朝鮮爲疑。時淸已擊定朝鮮，盟而成之。乃遺崇煥書曰：

「釋恨修好，固所願也。朝鮮自尊輕我，納我叛亡，我遲之數年，彼不知悔，是以興討。天誘其衷，我軍克捷，今已和矣。而爾詭言修好，仍遣哨卒偵視，修葺城堡，我國將帥，實以此致疑。夫講信修睦，必藉實物以成禮，我豈貪而利此？使爾國力不支，可減其半（似不如遼金之苛索）。歲時餽答，當如前議，則兩國之福也。」

書成，聞崇煥方築塔山、大淩河、錦州等城，遂罷遣使，而以書付杜明忠還。更責崇煥曰：

「兩國修好，當分定疆域，今又修葺城垣，潛圖侵逼；倘戰爭不息，天以燕雲畀我，爾主不幸奔竄，身敗名裂，爲何如也？自古文臣不更事者，徒爲大言，每喪師殃民，社稷傾覆。前者遼左任用非人，而河東西土地盡失，今尙謂不足戒而謀動干戈耶？」崇煥不報。

未幾，崇煥罷歸。明年，明復以袁崇煥督師薊遼。崇煥者，淸之所甚忌憚者也。先是，太祖之十一年，興師伐明，至寧遠，煥崇時爲寧前道，偕總兵滿桂、副將祖大壽嬰城固守，天寒土凍，鑿城不隳，城上放西洋砲，頗傷士卒，受創而還。至瀋陽曰：「朕用兵以來，未有抗顏行者；袁崇煥何人，乃能爾耶？」彷彿當年金宗弼之以拐子馬敗于宋岳飛也。崇煥以皮島（在遼寧省南海中）守總兵毛文龍殺逃亡以冒功，且致書與淸通好，誘誅之。三年，大舉侵明，逼京師，遣降閹王太監齎書議和。時袁崇煥及錦州總兵祖大壽營京城東南隅，淸軍偪之而營，太宗輕騎覘之。初，獲明太監二人，因授密計副將高鴻中，參將鮑承先，甯完我等坐近二太監，耳語云：「今日撤兵，乃上計也。頃上單騎向敵，敵二人見上語，良久乃去；意袁都堂有約，此事就矣。」時楊太監佯臥竊聽。翌日，縱之歸，以所聞語明帝，遂下袁崇煥于獄。祖大壽懼，率所部奔錦州，毀山海關而出。淸遣達壽齎議和書二，分置安定、德勝門外，蹂躪畿輔及薊東而去。

四年，二月，宴明降將總兵麻登雲等于御幄，謂之曰：「明主視爾等將士之命如草芥，驅之死地。朕屢遣使議和，竟無一言相報，何也？」登雲對曰：「明帝幼沖，大臣各圖自保，議和之事，倘不見聽，罪且不測，故不敢奏。」太宗曰：「若然，是天贊我也，豈可棄之而歸？但駐兵屯守，妨農時爲可憫耳。且彼山海關、錦州防守尙堅，今但取其無備城邑可也。」遺書明帝，仍申和好，並致書明諸臣，勸其急定和議，至是凡七致書矣。是年，明磔袁崇煥，中淸之間也。五年，鑄紅衣大礮成，鐫曰：「天佑助威大將軍」。七月明總兵祖大壽築大淩河城，以紅衣大礮攻之，遺大壽書曰：

「往者我欲和，爾國君臣，以宋爲鑑，不我應。爾國非宋，我亦非金，何不達若此？朕今厭兵革，更以書往，惟將軍裁之！」

十月，再遺書大壽，遣降將姜新招之。紅衣礮並毀其遠近百餘臺堡俱下，大壽遂降，獻取錦州策。六年，六月，平定察哈爾。甯完我、范文程等合疏言伐明之策，宜先以書議和，俟彼不從，執以爲辭，乘釁深入，可以得志。甲戌，大軍發歸化城，趨明邊。遣庫爾纏等自得勝堡，愛巴禮等由張家口，分詣大同、宣府，致議和書曰：

「我之興兵，非必欲取明天下也。遼東守臣，貪贖昏罔，勸葉赫陵我，遂嬰七恨。屢愬爾主，而遼東壅不上聞，我兵至此，欲爾主察之也。及攻撫順，又因十三省商賈，各遺以書；慮其不克逕達，則各以書進其省官吏，冀有一聞。乃縱之使去，寂焉不復。語云：『下情上達，天下罔不治；下情上壅，天下罔不亂。』今所在征討，爭戰不息，民死鋒鏑，雖下情不達之故，抑豈天意乎？我今開誠相告，國雖褊小，惟欲兩國和好，互爲貿易，各安耕獵，以享太平。若言不由衷，天其鑒我！前者屢致書問，憤疾之詞，固所不免，此兵家之常，不足道也。幸速裁斷，實國之福！我駐兵十日以待。」

是書頗具近代外交上限時答覆照會之意義。庚辰，駐大同邊外，復遺明守臣書曰：

「我仰體天意，願申和好，爾果愛民，宜速定議。若延時不報，縱欲相待，如軍中糧盡何？至書中稱謂姑勿論，我遜爾國，我居察哈爾之上可耳。」

癸未，趨宣府，守臣以明主所給察哈爾緞布皮幣一萬二千五百歸之。庚寅，駐張家口外，列營四十里。明巡撫沈棨，總兵董繼舒遣人齎牛羊食物來，宴之，遂定和議，大市于張家口。沈棨遣使來請盟，命大臣阿什，達爾哈等涖之，刑白馬烏牛，誓告天地。禮成，遣啓心郎（猶給諫職。隨事規諫，啓乃心也。）祁充格送明使歸。明以金幣來獻。七月，復以書約明張家口守臣，「信誓敦好，善保始終」，且謂「和議遼東地方在內，爾須遣官往告。」上遂率大軍，還至上都河。明以和議成，來餽禮物，酌納之。蓋自天命三年以七大恨興戎以來，兵連禍結亙十四年，深入畿輔，據有遼瀋，幽薊爲之蹂躪，宣、大任其出入，至是始獲喘息，而明之九邊。已壞其四矣。八月丁卯，召明諸生王文奎、孫應時，江雲入宮，問以和事成否？三人皆言「明政日紊，和議難必。且中原盜賊蜂起，人民離亂」，勸上「宣布仁義，用賢養民，乘時弔伐，以應天心。」冬十月甲戌，遣衞徵，囊蘇喇嘛赴甯遠，齎書致明帝曰：

「我國稱兵，非不知足而冀大位，因邊臣欺侮，致啓兵釁。往征察哈爾時，過宣府，定和議，我遂執越境盜竊之人，戮之塞下，可謂至矣。前邊臣未能細述，今欲備言，又恐疑我不忘舊怨。如遣信使來，當盡告之。若謂已和不必語及往事，亦惟命！」又與明諸臣書曰：

「宣府守臣與我盟時，約我勿侵遼東，誓諸天地，今爾乃有異議，天可欺乎？執政大臣，宜通權變，愼勿徒事大言，坐失事機。若堅執不從，惟尋師旅，生靈荼毒，咎將誰歸？」

時明已爲流賊張獻忠、李自成所困，勞師縻餉，剿撫俱無功。天聰七年五月，毛文龍部將孔有德，耿仲明降于淸，以孔有德爲都元帥，耿仲明爲總兵官。六月取明旅順。

十年，四月，皇太極卽帝位，定有天下之號曰大淸，改元崇德。七年（公元一六四二年崇禎十五年）二月，拔松山，擒明總督洪承疇，降之，明之宗社，遂岌岌可危矣。于是遣職方郎中馬紹愉來議和，出明帝敕兵部尚書陳新甲書爲驗。上曰：「明之筆札多不實，且詞意夸大，非有欲和之誠。然彼眞僞不可知，而好和固朕夙願；朕爲百萬生靈計，若事果成，各君其國，使民安業，則兩國俱享太平之福，爾等以朕意傳示之。」五月，馬紹愉又來議和，遣使迓之。都察院參政祖可法、張存仁（皆降人）言：「明寇盜日起，兵力竭，倉廩虛，任調不前，勢如瓦解。守遼將師，喪失八九，今不得已乞和，計必南遷。宜要其納貢稱臣，以黃河爲界。」上不納。以書報明帝曰：

「向屢致書修好，貴國不從。事屬既往，其又何言？予承天眷，自東北濱海以訖西北，其間使犬使鹿，產狐產貂之地，暨厄魯特部、斡難河源，皆我臣服，蒙古朝鮮，盡入版圖。用是昭告天地，正位改元。邇者兵入爾境，克城陷陳，乘勝長驅，亦復何畏？余特惓惓爲百萬生靈計，若能各審禍福，誠心和好，自茲以往，盡釋宿怨，尊卑之分，又奚較焉？古云情通則明，情蔽則暗，使者往來，期以面見，情不壅蔽，吉凶大事，交相慶弔，歲各以地所產，互爲餽遺，兩國逃亡，亦互歸之。以寧遠雙樹堡爲貴國界，塔山爲我國界，而互市于連山適中之地。其自海中往來者，則以黃城島之東西爲界，越者各罪其下。貴國如用此言，兩君或親誓天地，或遣大臣涖盟，唯命之從！否則，後勿復使矣。」

遂厚賚明使臣及從者，遣之。後明議中變，和事竟不成。時明寧遠總兵吳三桂，祖大壽甥也，命大壽以書招之，不報。（清史太宗本紀十二）

八年八月，太宗崩，第九子福臨立，是爲世祖，才六歲，皇叔睿親王多爾袞輔政爲攝政王，以明年爲順治（公元一六四四—一六六一年明崇禎十七年）元年。三月十九日，流賊李自成陷北京，明思宗自縊于煤山，死社稷。自成僭稱帝，國號大順，改元永昌。明山海關守將平西伯吳三桂遣使致書，乞師致討。多爾袞答三桂書曰：

「我國欲與明修好，屢致書不一答，是以整師三入；蓋示意于明，欲其熟籌通好。今則不復出此，惟底定中原，與民休息而已。聞流賊陷京都，崇禎帝慘亡，不勝髮指！用率仁義之師，沈舟破釜，誓必滅賊，出民水火。伯思報主恩，與流賊不共戴天，誠忠臣之義。勿因向守遼東，與我爲敵，尙復懷疑。昔管仲射桓公中鉤，桓公用爲仲父，以成霸業。伯若率衆來歸，必封以故土，晉爲藩王。國讎可報，身家可保，世世子孫，長享富貴！」清史多爾袞傳

多爾袞遂率大軍疾馳入關，合吳三桂之師擊敗李自成二十餘萬之衆，追奔四十餘里，自成遁還燕京。封三桂爲平西王(註)，以馬步軍一萬隸之，直趨燕京，自成棄燕京西走。九月，多爾袞擁福臨自瀋陽入燕京，都之。而明福王由崧神宗之孫即位南京，改元弘光，是爲南明安宗皇帝。清史世祖本紀一

弘光既立，以大學士史可法督師揚州，設江北四鎮淮揚、徐泗、鳳壽、滁和爲四鎮。以總兵劉澤清轄淮海，駐淮北，以山陽、清河、桃源、宿遷、海州、沛縣、贛榆、鹽城、安東、邳州、睢寧十一州縣隸之，經理山東一帶招討事。高傑轄徐泗，駐泗水，以徐州、蕭縣、碭山、豐縣、泗州、盱眙、五河、虹縣、靈璧、宿州、蒙城、亳州、懷縣十四州縣隸之，經理河北、河南、開歸一帶招討事。劉良佐轄鳳壽，駐臨淮，以鳳陽、臨淮、潁上、潁川、壽州、太和、定遠、六安、霍丘九州縣隸之，經理河南陳杞一帶招討事。靖南伯黃得功轄滁和，駐廬州，以廬州、滁州、和州、全椒、來安、含山、江浦、六合、合肥、巢縣、無爲州十一州縣隸之，經理光固一帶援剿事。各有分地，軍民聽統轄，有司聽節制。明史史可法傳清史補編南明安宗皇帝本紀，沿淮徐置戍。多爾袞致書可法曰：

「予向在瀋陽，即知燕京物望，咸推司馬。後入關破賊，得與都人士相接，識介弟于清班可法弟可程，崇禎十六年進士，擢庶吉士。京師陷，降賊，賊敗南歸，可法請置之理，王以可法故，令養母。可程遂居南京，後流寓宜興，閱四十年而卒。本傳稱可法之生，母尹夢文天祥入其舍。文山有弟字溪山，仕元。當時有詩曰：「江南見說好溪山，兄也難時弟也難；可惜梅花各心事，南枝向暖北枝寒。」文史兩公，不但成仁取義同，同根異氣亦復同。，曾託其手勒平安，拳致衷緒，未審以何時得達？

「比聞道路紛紛，多謂有自立者。夫君父之讎，不共戴天，春秋之義，有賊不討，則故君不得書葬，新君不得書即位，所以防亂臣賊子，法至嚴也。闖賊李自成，稱兵犯闕，手毒君親，中國臣

民，不聞加遺一矢；平西王吳三桂，介在東陲，獨效包胥之哭。朝廷感其忠義，念累世之夙好，棄近日之小嫌，爰整貔貅，驅除狐鼠，入京之日，首崇帝后謚號，卜葬山陵，悉如典禮。親郡王將軍以下，一仍故封，不加改削。勳戚文武諸臣，咸在朝列，恩禮有加。耕市不驚，秋毫無擾。方擬秋高氣爽，遣將西征，傳檄江南，聯兵河朔，陳師鞠旅，戮力同心。報乃君國之讎，彰我朝廷之德。豈意南州諸君子，苟安旦夕，弗審事機，聊慕虛名，頓忘實害，予甚惑之！

「國家撫定燕都，得之于闖賊，非取之于明朝也。賊毀明之廟主，辱及先人；我國家不憚征繕之勞，悉索敝賦，代爲雪恥，孝子仁人，當如何感恩圖報？茲乃乘逆寇稽誅，王師暫息，遂欲雄據江左，坐享漁人之利，揆諸情理，豈得謂平！將以爲天塹不能飛渡，投鞭不能斷流耶？

「夫闖賊但爲明朝祟耳，未嘗得罪于我國家也。徒以薄海同讎，特申大義。今若擁號稱尊，便是天有二日，儼爲勍敵。予將簡西行之銳，轉旝東征，且擬釋彼重誅，命爲前導。夫以中華全力，受制潢池，而欲以江左一隅，兼支大國，勝負之數，無恃蓍龜矣。予聞『君子愛人也以德，細人則以姑息。』諸君子果識時知命，篤念故主，厚愛賢王，宜勸令削號歸藩，永綏福祿。朝廷當待以虞賓，統承禮物，帶礪山河，位在諸侯王上，庶不負朝廷申義討賊，興滅繼絕之初心。至南州羣彥，翩然來儀，則爾公爾侯，列爵封土，有平西王之典例在，惟執事實圖利之！

「晚近士大夫好高樹名義，而不顧國家之急，每有大事，輒同築舍。昔宋人議論未定，兵已渡河，可爲殷鑒？先生領袖名流，主持至計，深惟終始，寧忍隨俗浮沉？取舍從違，應早審定！兵行在卽，可西可東，南國安危，在此一舉。願諸君子同以討賊爲心，毋貪一身瞬息之榮，而重故國無窮之禍，爲亂臣賊子所竊笑，予實有厚望焉！記有之，『惟善人能受盡言』，敬布腹心，佇聞明教！江天在望，延跂爲勞，書不宣意。」同書同傳

大學士范文程筆也。可法旋遣人報書曰：

「南中向接好音，隨遣使問訊吳大將軍，未敢遽通左右，非委隆誼于草莽也，誠以『大夫無私交』，春秋之義。今倥偬之際，忽捧琬琰之章，眞不啻從天而降也。循讀再三，殷殷致意，若以逆賊尙稽天討，爲貴國憂，法且感且愧，懼左右不察，謂南中臣民，偷安江左，頓忘君父之仇，敬爲殿下一詳陳之。

「我大行皇帝，敬天法祖，勤政愛民，眞堯舜之主也。以庸臣誤國，致有三月十九日之事。法待罪南樞，援救無及，師次江上，凶問遂來，地坼天崩，川枯海泣。嗟乎，人孰無君，雖肆法于市朝，以爲泄泄者之戒，亦奚足謝先皇帝于地下哉？爾時南中臣民，哀慟如喪考妣，無不拊膺切齒，欲悉東南之甲，立翦凶仇。而二三老臣，謂國破君亡，宗社爲重，相與迎立今上，以繫中外人心。今上非它，神宗之孫，光宗猶子，而大行皇帝之兄也。名正言順，天與人歸。五月朔日，駕臨南都，萬姓夾道歡呼，聲聞數里。羣臣勸進，今上悲不自勝，謙讓再三，僅允監國；迨臣民伏闕屢請，始于十五日正位南都。從前鳳集河清，瑞應非一，卽告廟之日，紫氣如蓋，祝文升霄，萬目共瞻，欣傳盛事，大江湧出柟梓數萬，助修宮殿，是豈非天意哉？

「越數日，卽命法視師江北，刻日西征。忽傳我大將軍吳三桂借兵貴國，破走逆賊。殿下入都，爲我先皇帝后發喪成禮，掃清宮殿，撫輯羣黎，且罷薙髮之令，示不忘本朝。此等舉動，振古鑠今，凡爲大明臣子，無不長跪北向，頂禮加額；豈但如明諭所云「感恩圖報」乎？謹于八月薄治筐篚，遣使犒師，兼欲請命鴻裁，連兵西討。是以王師既發，復次江淮，乃辱明誨，引春秋大義，來相詰責，善哉。

「推而言之，此文爲列國君薨，世子應立，有賊未討，不忍死其君者立說耳。若夫天下共主，身殉社稷，青宮皇子，慘變非常，而猶拘牽不卽位之文，坐昧大一統之義；中原鼎沸，倉卒出師，將何以維繫人心，號召忠義？紫陽綱目，踵事春秋，其間特書，如：莽移漢祚，光武中興；丕廢山陽，昭烈踐祚；懷愍亡國，晉元嗣基；徽欽蒙塵，宋高纘統。是皆于國仇未翦之日，亟正位號，綱目未嘗斥爲自立，率以正統與之。甚至如玄宗幸蜀，太子卽位靈武，議者疵之，亦未嘗不許以行權，幸其光復舊物也。本朝傳世十六，正統相承，自治冠帶之族，繼絕存亡，仁恩遐被。貴國昔在先朝，夙膺封號，載在盟府。後以小人搆釁，致啓兵端，先帝深痛疾之，旋加誅僇，此殿下之所知也。

「今痛心本朝之難，驅除亂逆，可謂大義復著于春秋矣。若乘我國運中微，一旦視同割據，轉欲移師東下，而以前導命元兇，義利兼收，恩仇倏忽，獎亂賊而長寇仇；此不惟孳本朝借力復仇之心，亦甚違殿下仗義復仇之初志矣。昔契丹和宋，止歲輸以金繒，回紇助唐，原不利其土地。況貴國念篤世好，兵以義動，萬代瞻仰，在此一舉。若夫手足膺難，並同秦越，規此幅員，爲德不卒，是以義始而以利終，貽賊人竊笑，貴國豈其然乎？

「往者先帝軫念潢池，不忍盡戮，剿撫並用，貽誤至今。今上天縱聰明，刻刻以復仇爲念，廟堂之上，和衷體國，介冑之士，擊楫枕戈；忠義民兵，願爲國死；竊以闖賊之滅，當不越于斯時矣。語有之：『樹德務滋，除惡務盡』，今逆賊未伏天誅，諜知捲土西秦，方圖報復。此不獨本朝不共戴天之仇，抑亦貴國除惡未盡之憂。伏惟堅同仇之誼，全始終之德，合師進討，問罪秦中，共梟逆賊之頭，以洩敷天之恨，則貴國義聞，炤耀千秋，本朝圖報，惟力是視。從此兩國世通盟好，傳之無窮，不亦休乎？至于牛耳之盟，本朝使臣（即左懋第馬紹愉陳宏範三人），久已在道，不日抵燕，奉盤盂從事矣。法北望陵廟，無涕可揮，身陷大戮，罪應萬死。所以不即從先帝于地下者，實爲社稷之故。傳曰：『竭股肱之力，繼之以忠貞』，法處今日，鞠躬致命，克盡臣節而已。即日獎帥三軍，長驅渡河，以窮狐鼠之窟；光復神州，以報今上及大行皇帝之恩。貴國即有它命，弗敢與聞，惟殿下實昭鑒之！」（清史補編南明安宗皇帝本紀）

注：按多爾袞書：「國家撫定燕都，得之于闖賊，非取之于明朝也。」顧炎武日知錄卷四納公孫寧儀行父于陳條：「有盜于此，將劫一富室，至中途而其主爲僕所弒。盜遂入其家，殺其僕。曰：『吾報爾讎矣。』遂有其田宅貨財，子其子，孫其孫，其子孫亦遂奉之爲祖父。嗚呼！有是理乎？春秋之所謂亂臣賊子者，非此而誰邪？」正針對清代明設譬也。

二年，夏四月丁丑，豫親王多鐸師下揚州，屠之，明督師閣部史可法戰敗，死之。

註：吳三桂，字長伯，江南高郵人，籍遼東。父襄，官錦州總兵。三桂以蔭擢總兵守寧遠。松山之破，洪承疇降，三桂坐鐫三級，收兵仍守寧遠。清太宗命降人張存仁書招三桂，不報。流賊李自成自西安東犯，連陷太原、寧武、大同，分兵破眞定。思宗以三桂爲平西伯，並授襄提督京營，徵三桂入衞。寧遠兵號五十萬，簡閱步騎遣入關，而留精銳自爲殿。次豐潤，自成已陷京師，三桂引兵還保山海關。聞思宗殉國及父襄爲賊俘質，皆無動于衷。及聞愛妾陳圓圓爲賊將劉宗敏掠去，大怒，擊破自成所遣守關將，遣副將楊坤、游擊郭雲龍上書睿親王乞師，摧破自成。王承制進三桂爵平西王，令前驅躡自成。自成至永平（今河北省盧龍縣），殺襄走，還明都，屠襄家，棄燕京，西走山西。三桂追擊之，獲圓圓，乃囘師。清詩人吳偉業賦圓圓曲以紀其事。三桂之借清兵以戡亂，爲明清之際一最大事件，國讎報矣而國亡，娥眉還矣而家破；其後又以三藩之首，倡亂自帝，「身家『不』保。」叛明貳清，洵兩朝罪人也！余故備錄梅邨圓圓曲以實篇。

圓圓曲：「鼎湖當日棄人間，破敵收京下玉關，痛哭六軍俱縞素，衝冠一怒爲紅顏。紅顏流落非吾戀，逆賊天亡自荒讌。電掃黃巾定黑山，哭罷君親再相見。相見初經田竇家，侯門歌舞出如花，許將戚里箜篌伎，等取將軍油壁車。家本姑蘇浣花里，圓圓小字嬌羅綺，夢向夫差苑裏游，宮娥擁入君王起。前身合是採蓮人，門前一片橫塘水。橫塘雙槳去如飛，何處豪家彊載歸，此際豈知非薄命？此時只有淚沾衣！薰天意氣連宮掖，明眸皓齒無人惜。奪歸永巷閉良家，教就新聲傾坐客。坐客飛觴紅日暮，一曲哀弦向誰訴？白皙通侯最少年，揀取花枝屢迴顧。早攜嬌鳥出樊籠，待得銀河幾時渡，恨殺軍書抵死催，苦留後約將人誤。相約恩深相見難，一朝蟻賊滿長安，可憐思婦樓頭柳，認作天邊粉絮看。遍索綠珠圍內第，強呼絳樹出雕欄，若非壯士全師勝，爭得娥眉匹馬還！娥眉馬上傳呼進，雲鬟不整驚魂定，蠟炬迎來在戰場，啼粧滿面殘紅印。專征簫鼓向秦川，金牛道上車千乘，斜谷雲深起畫樓，散關月落開粧鏡。傳來消息滿江鄉，烏桕紅經十度霜，教曲妓師憐尚在，浣紗女伴憶同行。舊巢共是銜泥燕，飛上枝頭變鳳凰。長向尊前悲老大，有人夫壻擅侯王。當時祗受聲名累，貴戚名豪競延致，一斛明珠萬斛愁，關山漂泊腰肢細，錯怨狂風颺落花，無邊春色來天地。嘗聞傾國與傾城，翻使周郎受重名，妻子豈應關大計？英雄無奈是多情。全家白骨成灰土，一代紅粧照汗青！君不見館娃初起鴛鴦宿，越女如花看不足，香逕塵生鳥自啼，屧廊人去苔空綠。換羽移宮萬里愁，珠歌翠舞古梁州，為君別唱吳宮曲，漢水東南日夜流。吳詩集覽卷七。原注云：「此首以『痛哭六軍俱縞素，衝冠一怒為紅顏』作絜領，以『若非壯士全師勝，爭得娥眉匹馬還』作中權，以『全家白骨成灰土，一代紅粧照汗青』作收束。此六句，眞史筆也。」又引陳其年婦人集：「圓圓字婉芬，色藝擅一時，戚畹武安侯娵置別室中。侯，武人也，圓圓若不自得者。李自成之亂，為賊帥劉宗敏所掠。」馬孝升曰：「嘉定伯（即周奎）已將圓圓進，未及召見，旋因出永巷宮人，貴妃遂竄名籍中出，付妃父田宏遇家，而吳于田席上見之也」。按田畹圓圓于吳以自結，吳駐防山海關，圓圓居京師，闖賊陷都城，遂為賊帥劉宗敏所掠也。

第四節　鄭和七下南洋 侯顯附

余為童子時，即習聞「三保太監下西洋」之傳說。三保太監者，明太監雲南人鄭和，三保其小字也。初事燕王（名棣後諡成祖）于藩邸，從起兵，有功，累擢太監。成祖疑惠帝亡海外，思蹤迹之，且欲耀兵異域，示中國富疆。永樂三年（公元一四四五年），六月，命和及其儕王景弘等通使西洋，將士卒二萬七千八百餘人，多齎金幣，造大舶修四十四丈，廣十八丈者六十二（故中央圖書館館長定遠包遵彭著有鄭和下西洋之寶船考一文），自蘇州劉家河泛海至福建，復自福建五虎門揚帆，首達占城（今越南），以次遍歷諸番國，宣天子詔，因賜給其君長；不服，則以武懾之。五年，九月，和等還，諸國使者隨和朝見。和獻所俘舊港酋長，帝大悅，爵賞有差。舊港者，故三佛齊國（在爪哇之西蘇門答臘之東南）也。其酋陳祖義剽掠商旅，和使使招諭，祖義詐降而潛謀邀劫，和大敗其衆，禽祖義獻俘，戮于都下。六年，九月，再往錫蘭山，國王亞烈苦奈兒誘和至國中索金幣，發兵劫和舟，和覘其大衆既出，國內虛，率所統二千餘人，出不意，攻破其城，生禽亞烈苦奈兒及其妻子、官屬。劫舟者聞之，還，自救，官兵復大破之。九年，六月，獻俘于朝，帝赦不誅，釋歸國。是時交阯已破滅。郡縣其地，諸邦益震讋，來者日多。

十年，十一月，復命和等往使，至蘇門答剌，其前僞王子蘇幹剌者，方謀弒主自立，怒和賜不及己，率兵邀擊官軍，和力戰，追禽之喃渤利，並俘其妻子。以十三年，七月還朝，帝大喜，賚賜將士有差。十四年，冬，滿加剌、古里等十九國咸遣使朝貢。辭還，復命和等偕往，賜其君長。十七年，七月還。十九年，春，復往，明年，八月還。二十二年，正月，舊港酋長施濟孫請襲宣慰使職，和齎敕印往賜之。比還，而成祖已宴駕。

宣宗（公元一四二六—一四三五年）宣德五年（公元一四三〇年），六月，帝以踐阼歲久，而諸番國遠者猶未朝貢，于是和、景弘復奉命歷忽魯謨斯等十七國而還。和經事三朝（成祖仁宗宣宗），先後七奉使，所歷占城、爪哇、眞臘、舊港、暹羅、古里、滿剌加、渤泥、蘇門答剌、阿魯、柯枝、大葛蘭、小葛蘭、西洋瑣里、瑣里、加異勒、阿撥把丹、南巫里、甘把里、錫蘭山、喃渤利、彭亨、急蘭丹、忽魯謨斯、比剌、溜山、孫剌、木骨都束、麻林、剌撒、祖法兒、沙里灣泥、竹步、榜葛剌、天方、黎伐、那孤兒凡三十七國，所取無名寶物，不可勝記，而中國耗費亦不貲。自宣德以還，遠方時有至者，要不如永樂時，而和亦老且死。自和後凡將命海表者，莫不盛稱和以夸外番。故俗傳三保太監下西洋，爲明初盛事云。

當成祖時，銳意通四夷，奉使多用中貴：西洋則和、景弘，西域則李達，迤北則海童，而西番則率使侯顯。侯顯者，司禮少監。帝聞烏斯藏（今西藏）僧尚師哈立麻有道術，善幻化，欲致一見，因通迤西諸番，乃命顯齎書幣往迓，選壯士健馬護行。永樂元年，四月奉使，陸行數萬里，至四年，十二月始與其僧偕來，詔駙馬都尉沐昕迎之。帝延見奉天殿，寵賚優渥，儀仗、鞍馬什器，多以金銀爲之，道路烜赫。五年，二月，建普度大齋于靈谷寺，爲高帝高后薦福。或言卿雲、天花、甘露、甘雨、青鳥、青獅、白象、白鶴、及舍利祥光，連日畢見。又聞梵唄天樂，自天而降，帝益大喜。廷臣表賀，學士胡廣等咸獻聖孝瑞應歌詩。乃封哈立麻「萬行具足、十方最勝、圓覺妙智、慧善普應、祐國演教、如來大寶法王、西天大善自在佛」，領天下釋教，給印誥，制如諸王；其徒三人，亦封灌頂大國師，再宴奉天殿。顯以奉使勞，擢太監。

十一年，春，復奉命賜西番泥八剌、地湧塔二國，泥八剌王沙的新葛，遣使隨顯入朝，表貢方物，詔封國王，賜誥印。十三年，七月，帝欲通榜葛剌諸國，復命顯率舟師以行。其國卽東印度之地，去中國絕遠，其王賽佛丁遣使貢麒麟及諸方物，帝大悅，賜予有加。榜葛剌之西有國曰沼納僕兒者，地居五印度中，古佛國也。侵榜葛剌，賽佛丁告于朝。十八年，九月，復使顯賜諸番，偏歷烏斯藏、必力工、瓦靈藏、思達藏諸國而還。途遇寇劫，督將士力戰，多所斬獲。還朝，錄功陞賞者四百六十餘人。顯有才辨，彊力敢任，五使絕域，勞績與鄭和亞。（明史列傳第一百九十二宦官鄭和傳）

按「俗傳三保太監下西洋，為明初盛事」，故能流傳歷五百數十年不衰。然所謂「西洋」，實今南太平洋，簡稱南洋；鄭和所臨，即今印度支那、馬來西亞與印度尼西亞之地。其首通南洋航線為公元一四〇五年，早于葡萄牙人 Gama Vasco Da (1469–1524) 之通東印度（公元一四九九年）約一世紀。其時握南洋海權者大明天子也，昔日英、荷所領，法人屬地，皆我之藩服也，以視張騫之「鑿空」西域（第四章第二節），波濤之險，更逾沙磧。本傳「自和後，凡將命海表者，莫不盛稱和以夸外番」，正是模擬騫傳「然騫鑿空，諸後使往者，皆稱博望侯（騫封博望侯）以為質于外國，外國由是信之。」之筆法。聞今印尼華僑聚集之埠，尚有鄭和廟，香火不絕云。茲將其七下南洋，附表于下：

鄭和七下南洋歷國表

第次	出使年月	回國年月	歷國	備考
一	成祖永樂三年六月	五年九月	占城	俘三佛齊酋長陳祖義
二	六年三月	九年六月	錫蘭山	
三	十年十一月	十三年七月	蘇門答剌	
四	十四年冬	十七年七月	滿加剌、古里	
五	十九年春	二十年八月	滿加剌、古里	
六	二十二年正月	同年七月以後	舊港	還而成祖已晏駕。按成祖崩于永樂二十二年七月庚寅。
七	宣宗宣德五年六月		忽魯謨斯等十七國	

第五節　左懋第衰經入都門

左懋第，字蘿石，山東萊陽人。崇禎四年（公元一六三一年）進士，累遷刑科左給事中。十六年，出察江防。明年，福王立南都，進兵科都給事中，旋擢右僉都御史，巡撫應天徽州諸府。時清兵連破李自成，朝議遣使通好，而難其人，懋第母陳歿于燕，欲因是返櫬（同柩）葬，請行。乃拜懋第兵部右侍郎，兼右僉都御史，與左都督陳宏範，太僕少卿馬紹愉偕，而令懋第經理河北，聯絡關東諸軍。馬紹愉者，故兵部郎官也，嘗爲陳新甲通款事（在崇禎十五年見前），至義州而還。新甲既誅，紹愉以督戰致衂，爲懋第劾罷。及是，紹愉已起官郎中，乃進爲少卿，副懋第。懋第言，「臣此行致祭先帝后梓宮，訪東宮二王蹤跡。臣既充使臣，勢不能兼理封疆；且紹愉，臣所劾罷，不當復與臣共事。必用臣經理，則乞命弘範同紹愉出使，而假臣一旅，偕山東撫臣，收拾山東以待，不敢復言北行。如用臣與弘範北行，則去臣經理，但銜命而往，而罷紹愉勿遣。」閣部議，止紹愉，改命原任薊督王永吉。帝令仍遵前諭。懋第瀕行，言臣此行生死未卜，請以辭闕之身效一言：

「願陛下以先帝仇恥爲心：瞻高皇之弓劍，則思成祖列聖之陵寢何在？撫江上之殘黎，則念河北山東之赤子誰卹？更望時時整頓士馬；必能渡河而戰，始能扼河而守；必能扼河而守，始能畫江而安。」

衆韙其言。帝令齎白金十萬兩（清史補編安宗紀有「金一千兩」），幣帛數萬匹，以兵三千人護行。八月，舟渡淮。十月，朔，次張家灣，清人傳令，止許百人從行。懋第衰絰入都門，至則館之鴻臚寺。請祭告諸陵及改葬先帝，不可，則陳太牢于旅所，哭而奠之。卽以是月二十有八日遣出都。弘範乃請身赴江南，招諸將劉澤清等降附，而留懋第勿遣。于是自滄州追還懋第，改館太醫院。其從第懋泰先爲吏部員外郎降賊，後官清。來謁懋第，懋第曰：「此非吾弟也！」叱出之。順治二年（公元一六四五年），六月，聞南京失守，慟哭，七日不食。清攝政王諭懋第降且髡，不從；中軍艾大選首髡，且勸懋第降，大怒，麾從官斃之杖下，攝政王聞而心善之。六月，十九日，捕懋第下刑部。部吏曰，何不早薙髮？懋第曰：「我頭可斷，髮不可薙！」遂下獄。次日，加鐵鎖，三擁入內朝。懋第喪冠白袍，南面向，坐于廷下。攝政王雅重之，欲生之，且大用之。問在廷漢臣曰，卿等云何？侍郎陳名夏附籍東林，及徐汧等自南京北走，爲阮大鋮指爲應殺盡東林諸臣，以謝先帝之口實也。清史補編曰，「爲崇禎來可饒，爲福王來不可饒！」懋第曰：「若言福王，是先帝何人？且若中先朝會元，今日何面目在此與我說話？」名夏語塞。兵部侍郎秦某曰：「君何不知興廢？」懋第曰「興廢，國運之盛衰，廉恥，人臣之大節，先生只知興廢而忘廉恥乎？」于是羣臣無復言者。攝政王曰：「爾明臣，何食清粟半載，而猶不死？」懋第曰：「爾人攘我朝之粟，反謂我食爾粟耶？且古之致力中原，亦有藉夷狄之食者。我國家不幸，罹此大難，聖子神孫，豈曰無人？今日止有一死，又何多言！」王色變，揮出斬之。懋第就刑時，至宣武門外柴市口，昂首高步，神色自若。南向四拜，端坐受刑。是日，大風晝晦，捲市棚于雲際，屋瓦皆飛，都人士奔走流涕，拜于道旁者，不可勝計。馬紹愉率將士悉髡以降，惟參謀通判陳用極，游擊王一斌，都司劉統、王廷佐，千總張良佐，俱不薙髮，同日遇害。時清順治二年，閏六月十二日也。明史列傳第一百六十三左懋第傳清史補編安宗皇帝紀

第十一章 清之行人

世界人類文明，肇源于中國之黃河，印度之恆河（Ganges），埃及之尼羅河（Niles），及美索不達米亞（Mespotamia）之底格里斯（Tigris）與幼發拉底（Eupharates）河。今巴比倫（Babylonia）文化，已成陳蹟，徒供憑弔，埃及、印度、皆嘗為白色人種君臨統治，久始脫其羈勒；惟我中華民族開化最早，歷世最永，經四千七百年之久而常新，屹立不撓，此治文化史與民族史者所應引以自慰，增益自信，自彊不息，以光美前業者也。顧中華民族亦飽經世變與憂患者：犬戎戕幽王，平王東遷（公元前七七〇年）；匈奴虜懷（公元三一一年）愍（公元三一六年），晉宅江左（公元三一七年）；金源執徽欽（公元一一二六年），宋室南渡（公元一一二七年）；帝昺蹈海（公元一二七九年），而蒙古統一中國；莊烈殉國，而滿清入主華夏。此皆中華民族史上之變局，亦可謂為境內民族鬩牆之釁。互為盛衰消長，以成就偉大之中華民族，未若有清中葉鴉片戰爭（公元一八四〇—一八四二年）之為「數千年來未有之變局」也。（李鴻章籌議海防摺語李文忠公全集奏稿卷二十四）

第一節 鴉片戰爭

鴉片，即 Opium 之譯音，取罌粟未熟果實之汁製成，含嗎啡，性毒，有鎮痛安眠之痲醉作用，明時已自印度傳入中土，相傳明神宗皇帝嘗吸食之（「鴉片初入中國，宮禁先受其毒。相傳明神宗御極之三十年，不召見羣臣，即為此物所累。」雷瑨蓉城閒話）。逮十六世紀之末，所謂「東印度」航線暢通，英、法、荷蘭、葡萄牙皆有公司，營商業于印度，獲利倍蓰，而英商之東印度公司(East India Co.)爲巨擘，浸假蔚爲大英帝國政府半官式之侵略拓殖機關。大批販賣鴉片，其經營業務之一端也。中國廣州，最鄰印度，海運便捷，遂爲印度鴉片之重要市場，廣州有英商公司專司運銷，爲之居間經理者，達十三行之多；達官莠民，從而漁利，包庇走私，實繁有徒，貿易額年逾數千萬兩（太常寺少卿許乃濟見銀輸出歲千餘萬，奏「請弛煙禁，令英商仍照藥材納稅(註)入關，只許以貨易貨，不得用銀購買，以示限制。」(清史邦交志二)。但鴻臚寺卿黃爵滋奏稱：「道光三年以前，粵每年僅漏銀數百萬兩，自三年至十一年，每年漏銀一千七八百萬兩；自十一年至十四年，每年漏銀二千餘萬兩；自十四年迄今(十八年)，漸漏至三千萬兩之多；福建、江浙、山東、天津各海口，合計亦數千萬。」無慮萬萬。林崇鏞：林則徐傳二一七而引黃少司寇奏疏），當時稱爲「洋藥」，爲中國一大漏巵。仁宗（公元一七九六—一八二〇年）嘉慶十八年（公元一八一三年），秋，七月甲戌，「申嚴販運鴉片煙律，食者並罪之」，是爲對鴉片煙禁運禁食之始（清史仁宗本紀）。宣宗（公元一八二一—一八五〇年）道光十一年（公元一八三一年）二月戊戌，「申禁各省種鬻鴉片」，是爲禁種禁售之始。七月丙申，「申定官民買食鴉片罪例」，犯者徒。十四年，五月丙戌，「命盧坤（兩廣總督）等驅逐英吉利販賣鴉片躉船，無任停泊。」十七年，春，正月庚子，「以林則徐爲湖廣總督」（上引俱見清史宣宗本紀二）。十八年，鴻臚寺卿黃爵滋奏：「請嚴禁吸食鴉片煙罪，行保甲連坐之法」，且謂其禍烈于洪水猛獸。犯者大辟。湖廣總督林則徐奏尤剴切，言「鴉片不禁絕，則國日貧，民日弱，十餘年後，豈惟無可籌之餉，抑且無可用之兵」（上引俱見清史邦交志二。林文公政書作：「數十年後，中原幾無可以禦敵之兵，且無可以充餉之銀。」政書卷五湖廣奏稿），亦主用重典。時「莊親王奕𧶠（𧶠小篆讀若鬻）等坐食鴉片革爵，太常寺少卿許乃濟請弛鴉片禁，命休致。」十一月壬寅，「命伊里布等查禁雲南種罌粟」（雲貴川陝各省所種，謂之「土藥」「土膏」，意在抵塞漏巵）。先是，八月，召林則徐至京，「面受方略」；癸丑，「命爲欽差大臣，查辦廣東海口事件，節制該省水師」（上引俱見宣宗本紀二。邦交志二：命林則徐「以兵部尚書領欽差大臣關防，赴粵東查辦。」。具見中朝禁煙之決心，而林則徐尤為鋒厲。

則徐至則與兩廣總督鄧廷楨會申煙禁，頒新律，以一年又六月為限，吸煙罪絞，販煙罪斬；令泊洋躉船繳煙方許開艙；又傳集十三行人等令諭各商估煙土存儲實數，並索歷年販煙慣犯英人查頓及顛地 (L. Dent)。英領事義律 (Charles Elliot) 義在粵設審判署，理各洋交涉訟事，為在華設定領事裁判權之創始人。乃使各商繳所存煙土凡二萬二百八十三箱，則徐命悉焚之，自四月二十二日即陽曆六月三日，十八年訂為禁煙節。至五月十五日始畢燬。每箱償茶葉五觔，復令各商具永不售賣煙土結。義律恥見挫辱，鼓動興戎，而戰事以啓。則徐嚴增廣東海防，英軍不得逞；擾閩，敗于廈門；轉攻浙之定海，殺知縣姚懷祥等，據之。二十年，八月，義律身赴天津，以其國外交部大臣照會中國政府書上之直隸總督琦善，多所要索：一、貨價，一、開廣州、廈門、福州、定海各港口為市埠，一、敵體平行清初之于外國，輒于其國名加犬以夷之，如英吉利之為「𤞞狤猁」。，一、犒軍費，一、不得以外洋販煙之船賠累岸商，一、盡裁洋商浮費。琦善力持「撫」議，入都面陳。乃罷林則徐二十一年三月遣戍新疆，命琦善為欽差大臣，赴粵東查辦。十月，琦善抵廣州，尋授兩廣總督。徇義律請，盡撤沿海諸防，英軍遂陷虎門之大角、沙角諸礮臺，義律則挾兵力，索償煙價及香港。二十一年，春，正月，琦善以香港私許英；歸浙江英俘以易定海及沙角、大角礮臺，並與義律定期會于蓮花城。義律出所訂貿易章程，並給予香港全島如澳門故事，琦善皆私許之以入奏。帝怒，不許。罷琦善及兩江總督、欽差大臣浙江督師伊里布。命宗室奕山為靖逆將軍，尚書隆文、湖南提督楊芳為參贊大臣，赴粵勦辦。

時義律以琦善已允給香港，徧諭居民以香港為英屬埠，又牒大鵬營副將撤營汛，粵撫怡良大駭以聞。帝大怒，命籍琦善。遂下詔暴英人罪，促奕山等兼程進，會各路官兵進勦，駸駸乎正式宣戰矣。二月，英軍再犯虎門，水師提督關天培死之，進薄烏涌，省城大震。會美領事，以戰爭礙各國商船進口，出面調停，楊芳亦欲藉此緩兵退敵，遂與怡良聯銜奏請，帝以其復踵請「撫」故轍，降旨切責。四月，奕山以楊芳、隆文等軍分路夜襲英軍，不克；英軍攻廣州城以爲報復。仍議款，償煙價銀六百萬兩，照舊通商，永不售賣鴉片。議甫定，英人以撤礮臺兵取道泥城，經蕭關三元里被衂，義律亦受困辱，乃變計入閩，攻廈門，陷之；進攻定海，總兵葛雲飛等戰歿；再陷鎭海，兩江總督欽差大臣裕謙赴水死。乃起復伊里布議「撫」實即求和。伊里布至浙，即命家人張喜見英將，告以「撫」事有成，請先退至大洋，即還所俘英人。英人如約，遂以收復乍浦聞。既而英人乘勝據寧波，連陷寶山、上海、松江、鎭江，江南提督陳化成及副都統海齡死之。七月，兵艦八十餘艘溯江上，犯江寧，泊下關。伊里布自浙馳至，遣張喜詣英艦道意。英要索：一、賠款：兵費二千一百萬兩，商欠三百萬兩，煙價六百萬兩；一、割讓香港；一、開廣州、福州、廈門、寧波、上海五口通商；一、協定關稅；一、英官與中國官用敵體禮如英吉利去犬旁。是爲南京條約，道光二十二年公元一八四二年七月也邦交志二。爲我國與外國訂立不平等條約之始，直至中華民國三十二年公元一九四三年，一月十一日，對日抗戰勝利在握，方能重締平等新約，自締結至廢除，浹爲一百年。明之方輿，以太監勸遠略，清之式微，以家人通情款；一盟城下，百年桎梏，可勝嘆哉！

吾國自來閉關自尊，其馭四裔也，以互市爲羈縻之策，交易不外茶馬，幾經款塞，始獲允准，而又于邊塞地方，定時限額以爲之，四裔輒視爲殊遇曠典，而莫或誰何。五口通商，門戶開放，藩籬盡撤，在協定關稅保障下，列強踵享「最惠國」之待遇，競輸商品以逐利。越十五年，而有英法聯軍之役（公元一八五七—一八六〇年文宗（一八五一—一八六一年）咸豐七—十年），所締天津條約（公元一八五八咸豐八年）及其續約（公元一八六〇年），與夫瑷琿條約（公元一八五八年），及其它對外交涉，莫不屈辱備至，喪師、賠款、失地。自大之尊嚴盡失，仇恨之心理滋生，略識時務者，漸知墨守陳規之非計，以爲我苟能擅外人之長技，堅甲利兵，卽可抗衡列強，「時務」成爲時髦。咸豐十一年，設總理各國事務衙門（若今外交部），專理「洋務」。甲午（公元一八九四年德宗（公元一八七五—一九〇八年）光緒二十年）一戰，海軍爲熸，于是由「崇洋」而「媚洋」，轉至「排洋」。此種矛盾變態心理之鬱積，益以竊弄國柄那拉妖后之愚昧無知，卒致拳匪之巨禍（公元一九〇〇年光緒二十六年）！至此而中國不步當年亞佛利加洲之後塵，爲帝國主義者所瓜分者，以列強在華已相互諒解其勢力範圍 (Sphere of Influence)，利益均霑，機會均等，既不容一強之鯨吞獨噬，尤不樂中國之富彊康樂，滿清政府遂在「媚洋仇漢」原則下，苟安于「次殖民地」之生存生活，而國父號召之國民革命，乃成爲應天順人之主張。

註：「查洋藥每箱百斤，新關正稅三十兩，釐捐則各省多寡不同。福建每箱捐銀三十六兩，江蘇每箱捐銀三十二兩，北洋天津等關捐銀二十四兩。」（林集奏稿卷二十四擬議緊要應辦事宜逐條切實辦法摺）

第二節　李鴻章身當外交之衝

吾國之有現代外交，自李鴻章始。

李鴻章（1823—1901），字漸甫，號少荃，安徽廬州府合肥縣人，其先本姓許。道光二十七年（公元一八〇七年），成進士，改庶吉士，授編修。從曾國藩游，講求經世之學（吾國學術，向分義理、詞章、考據三大門類，至曾國藩始倡經世之學，謂經國濟世也。）。特起一軍，預平太平天國，積功封一等肅毅伯，賞太子太保銜、黃馬褂、雙眼花翎。穆宗（公元一八六二—一八七四年）同治四年（公元一八六五年），曾國藩以欽差大臣兩江總督剿捻久無功，詔鴻章署欽差代之。敗東捻任柱、賴文洸于湖北，授湖廣總督；及平西捻張總愚，以湖廣總督協辦大學士，賜紫禁城騎馬。八年，兼署湖北巡撫，辦理川黔教案，是爲李鴻章折衝樽俎之始。

一　川黔教案

教案之起，蓋由當時中國士大夫者流，未能體認天主教義及其佈道方式（領洗後，禁供祖先牌位及祭拜。），以爲「離經叛道」、「滅倫廢祭」，有悖中國社會之宗法傳統，相率深閉固拒。無知編氓，則投身教會，以「喫教」爲職業，憑勢「欺壓善良」，如「強姦婦女」，「逼人退婚」；而教會自大自恣，一味庇縱教友，甚至「把持公事」，蔑視地方官府。于是團民與教友爲敵。形同水火，紛紛「打教」以洩憤，進而殺害傳教士，搗燬禮拜堂。初發于四川酉陽，踵起于貴州遵義，蔓延于湖北天門，可謂爲義和拳之前奏。鴻章稍識時務，懲于南京、天津條約之失，查出致斃外國教士及焚教堂之下手正犯與共犯，分別重輕，立予懲治，並賠償損害，迅速了案，以杜法使羅淑亞（de Rouchechart）欲帶兵入川之要挾。鴻章奏疏云：

「黔省軍務未平，民氣浮囂，教士恣肆，若辦理稍有偏重，則仇隙必將愈深，既患民心憤激，而事變滋多，更恐教士尋衅而禍端莫測。……然後相機持平從容解釋民教仇隙。庶可弭衅端而紓宸廑。」（同集同治八年十月初三日查覆川黔教案摺）

遂與法使于是年十二月在漢口議結。

二　天津教案

九年七月，天津人與天主教啓衅，焚毀教室，毆斃法國領事豐大業，同時誤斃俄人三命，一時事態嚴重。復調鴻章赴津會同曾國藩督飭辦理。鴻章奏稱：

「窮搜力索，捕治已極認眞；事關動衆，尤慮刑偪株連，附會羅織，致成寃獄，而激衆怒。不獨非中國政體所宜，即揆諸各國平素道理不肯輕易殺人，傳教專爲行善，亦微有不合。所期日後與民相安，豈在一時快意仇忿？若欲以示警戒，正法八人與議罪二十餘人，辦法不爲不重，遠近必皆寒心，臣竊料以後各處，不致再有此等巨案。若殺戮太過，實爲洋人永遠之患，尤非各國厚待中國百姓之心。……當隨時督飭地方官設法拏訪訊辦，斷不肯略存袒護，致令洋人含寃，亦未便過事尋求，轉令百姓解體。」（同集同治九年八月十九日起程赴津並呈教案情形摺）

足使羅淑亞斂其兇燄，無所藉口；兼之，普法戰爭方興，法人自救不遑。東方小事，罔加措意，天津教案竟銷沉于若有若無間。當日朝野昧于世界大事，以爲鴻章信嫻韜略，青出于藍，優于乃師曾國藩也。乃調直隸總督兼北洋通商大臣，至是，常以一身當內政、外交之衝。

至于案內誤斃俄人部份，原已緝獲四犯抵償。詎天津俄領事孔氣轉求緩決，駐京俄使倭良嘎哩亦表示「此案大致在務得正兇，照例懲辦，不在人數多少」。孔氣並面見鴻章稱：「中國百姓應由中國遵定例治罪，惟望逐細研鞫實情，俾昭憑信，雖被殺斃男女三人，並不計抵償之多寡，亦不在決辦之遲速。」捨棄依約「會同商辦」（卽領事裁判權）之特權，轉據津郡紳民公稟，代囚犯乞恩以示惠（案後來中俄密約實源于此）。教案內俄案，亦于同治十年九月初九日另結（同集教案內俄案另結摺）。鴻章口舌之功，遂大為清室所倚重，不知俄人之小施，正欲大逞于我也。

三　日本修好通商條約

九年十月，日本請通商，授鴻章為全權大臣與日本使副伊達宗城、柳原前光往復磋商，至十年七月二十九日始行議定。大致以修好條規為重，通商章程為輔，而爭執最烈者，厥惟日本天皇與大清皇帝並稱，與「一體均霑」字樣之沿用。鴻章認為「中日約章刊列彼主非常尊號，將來可以徵信于史策，目前更可以陵轢東洋，誇耀西洋」，反覆辯論，稱謂用中國及日本並列。「均霑」一詞，鴻章更欲矯「中國與泰西各國交涉年來已形之弊」，將柳原所呈議約底稿，鈔襲布國（按卽英國，取B-ritan之首音。）條約，「顯有窒礙之處」，併行改去，逐句逐字，講求斟酌。因執筆改「均霑」為「如彼此海關章程嗣後有變通之處，隨時商辦」，列為該約第三十一款，僅此一語，辯論卽歷三時之久，並載明兩國商民不准入內地販賣貨物（同書日本議約情形、日本約章繕呈底稿、日本議約完竣摺）。是爲中國在平時與外國締結修好通商條約之始。

四　秘魯商約

十二年，五月，授鴻章大學士，仍留總督任。六月，授武英殿大學士。十月，與秘魯使副葛爾西耶，愛勒謨爾議締通商條約。鴻章稔知閩粵華民陸續拐販秘魯爲奴工者達十餘萬人，備受陵虐，乃參照美國續約商訂「除兩國人民自願往來居住外，別有招致之法，均非所准」，並「不准在澳門及各口岸，勉強誘騙中國人運載出洋，違者其人從嚴懲治，船隻按律罰辦」，成爲商約第六條，反覆爭論，往復至數十次，始獲定議。另「立查辦資遣專條」，言明委員往查，受苦者由秘國備船資送（同集同治十二年十月十八日秘魯使臣議約，十三年五月十三日秘魯商約定議摺）。十三年，「調文華殿大學士。國家舊制，相權在樞府（案即軍機處），鴻章與國藩爲相，皆總督兼官，非眞相，然中外繫望，出政府上，政府亦以爲重。其所經畫，皆海防交鄰大計，思以西國新法，導中國求自強，先急兵備，尤加意育才。」（清史列傳第一百九十八李鴻章傳）

五　議結滇案

光緒元年（公元一八七五年），又有雲南戕害英使館譯員馬嘉理(Augustus Margary)之事，命鴻章與英使威妥馬 (Thomas F. Wade) 會商。英方要求提訊主使之滇撫岑毓英，派遣專使道歉，並予明發（案即公告），賠償兵費，添設口岸，滇緬通商，遊歷甘、青探經西藏往印度通路等款，態度頑強。始在天津談判，繼移總理衙門。就中一二兩款，爭執尤烈。清室既迴護岑撫主使無據（郭嵩燾「疏劾毓英，意在朝廷自罷其職，藉箝外人口也，而一時輿論大譁，謂嵩燾媚外。」清史列傳第二三三郭嵩燾傳），更強調督撫大員無提訊之例。威妥瑪則離京赴滬，轉往煙臺，大閱海軍，以示將遂行其「礮艦政策」，談判瀕于決裂。鴻章不得已馳往就商，于二年七月二十七日始得議結。鴻章早于同治十三年十一月初二日籌議海防摺，即有「洋人論勢不論理，彼以兵勢相壓，我第欲以筆舌勝之，此必不可得之數也。」之論，不可謂非「洋務涉歷頗久，聞見稍廣，于彼己長短相形之處，知之較深」也（同摺）。于是郭嵩燾使英，劉錫鴻（原定許鈐身）副之，名曰出使欽差，實道歉專使也，所齎婉惜滇案璽書，並應先送英國大臣閱看（日置益之索看覆文，遠則金源，近法英國）。賠款關平銀二十萬兩；重慶、宜昌、溫州、蕪湖、北海駐紮領事官；沿江安徽之大通、安慶，江西之湖口，湖廣之武穴、陸溪口（湖北省嘉魚江面），湖南之岳州等六處，輪船准暫停泊，上下客商貨物，皆用民船起卸；滇省與緬甸地方往來通商；派員赴西藏探路。除內河非通商口岸，輪船不准靠岸，停泊水面上下客貨，為鴻章僅能爭得之讓步外；英人幾如願以償，而猶賴客卿總稅務司英人赫德（Robert Hart）密為斡旋之功。（同集煙臺議結滇案摺）

六　巴西通商條約

六年，六月授鴻章為全權大臣與巴西國使副喀拉多、穆達議立通商條約，鴻章首設禁阻招致華工之條，復以「『均霑』二字，利在洋人，害在中土」，仿日本與各國改約之例，「于優待別國，提明出于甘讓及互相酬報」，並于商約第五款聲明之。鴻章之言曰：「蓋曰酬報，則彼必有利益予我，而後我國以利益酬之。即遇強國，從權予以利益，彼強國亦必有益我數事，以符酬報之名。曰甘讓，則彼此重在交誼，而非屈于勢力。果能堅守此義，則凡希冀『均霑』者，非先允遵守酬報之專條，我可不准；或其酬報之專條，不能一體盡遵，我亦可以不准；我所讓與別國之利益，非出甘心，則局外雖欲援例『同霑』，我仍可以不准也。」于領事裁判權一事，鴻章原欲「參酌西國公法，問案專歸地方官，領事不得干涉」，巴西使臣「不肯率先改章，致招各國之怨」，經德使巴蘭德 (Herr von Brandt) 從旁酌商，乃定為「被告所屬之官員專司訊斷，各照本國法律定罪」。遂于第十款內聲明，華民犯罪，「聽中國官員派差，徑往拘傳審理」，以免「洋人庇匿」，「會審掣肘」。七年，增刪條約，改為「由地方官一面知照領事官，一面立即派差協同設法拘拏，不得庇縱捎留。」另以換文禁止巴商販賣「洋藥」。此皆鴻章所謂「逐漸收回權利」之「權輿」也。(同集巴西議約竣事，巴西增刪條約摺。)

七　自強自立

初，「鴻章與國藩合疏選幼童送往美國就學，歲一百二十人，期以二十年學成，歲歸為國效用」，「隨遣生徒至英、德、法諸國留學，及建海軍，將校盡取材諸生中。初在上海，奏設外國學館，及涖天津，奏設武備、海陸軍又各立學堂，是為中國講求兵學之始。嘗議製造輪船，言西人專恃其礮輪之精利，橫行中土，于此而日言攘夷，固虛妄之論，即欲保和局，守疆土，亦非無具而能保守之也。士大夫囿于章句之學，苟安目前，遂有停止輪船之議。臣愚以為國家諸費皆可省，惟養兵設防、練習槍礮、製造兵輪之費，萬不可省。求省費，則必屏除一切，國無與立，終無自強之日。」(清史李鴻章傳)

光緒元年，臺灣事變，王大臣奏籌善後海防六策，鴻章議曰：

「歷代備邊，多在西北，其強弱之勢，主客之形，皆適相埒，且猶有中外界限。今則東南海疆萬餘里，各國通商傳教，往來自如，陽託和好，陰懷吞噬，一國生事，諸國構煽，實數千年來未有之變局。輪船電報，瞬息千里，軍火機器，工力百倍，又爲數千年來有之強敵。而環顧當世，餉力人才，實有未逮，雖欲振奮而莫由。易曰：『窮則變，變則通』，蓋不變通則戰守皆不足恃，而和亦不可久也。近世拘勤之儒，多以交涉洋務爲恥，巧者又以引避自便；若非朝廷力開風氣，破拘攣之故習，求制勝之實際，天下危局，終不可支，日後乏才，且有甚于今日者。以中國之大，而無自強自立之時，非惟爲可憂，抑亦可恥。」

「故其持國事，力排衆議，在畿疆三十年，獨究討外國政學、法制、兵備、財用、工商藝業。聞歐美出一新器，必百方營購，以備不虞。嘗設廣方言館，機器製造局，輪船招商局，開磁州、開平煤鐵鑛，漠河金鑛，廣建鐵路電線，及織布局，醫學堂，購鐵甲兵艦，築大沽、旅順、威海船塢臺壘，遴武弁送德國學水陸軍械技藝，籌通商日本，派員往駐，創設公司船赴英貿易：凡所營造，皆前此所未有也。」（李鴻章傳）

鴻章所習經世之學，至是乃展大效。萃「洋務」于一身，名動中外，舉世皆知有李中堂而不名。

八　妥議球案

十月，命鴻章與日本議結琉球案。先一年，日本已據琉球北部較為富庶九島中之八島，廢滅琉球，俘虜其王及世子。琉球與我有朝貢關係，而莫如之何也。至是，乘我與俄伊犂事件方棘之際，催結球案，改訂商約，重在襲用「利益均霑」之款。右庶子陳寶琛奏：「球案不宜遽結，舊約不宜輕改」，左庶子張之洞奏：「日本商務可允，球案宜緩。」總理衙門惇親王議以「日本與俄深相要結，又與福建江浙最近，今若更動已成之局，未必甘心，且恐各國從而構煽，卒至仍歸前說，或併二島（按指中部十一島南部十六島）而棄之，益為所輕。」鴻章料之曰：

「俄事之能了與否？實關全局。俄事了，則日本與各國皆戢其戎心，俄事未了，則日本與各國將萌其詭計。與其多讓于倭，而倭不能助我以拒俄，則我既失之于倭，而又將失之于俄。何如稍讓于俄，而我因得藉俄以懾倭。夫俄與日本強弱之勢，相去百倍，若論理之曲直，則日本之侮我為尤甚矣。而議者之謀，若有相左者，此臣之所未喻也。」又言：

「兩國條約，須彼此互商，斷無一國能獨行其志者。日本必欲得『均霑』之益，儻彼亦有大益于中國者以相抵，未嘗不可允許；若有施無報，壹意貪求，此又當內外合力，堅持勿允者也。……所有日本議結球案，牽涉改約，暫宜緩允。」（同集光緒六年十月初九日妥議球案摺）

日本遂併琉球，其寤寐以求之「最惠國待遇」，竟于甲午之役，以兵力得之！而「借俄懾倭」之構想，終為中俄密約之締結焉。

九　法越之役

初，同治十二年（公元一八七四年），法兵陷安南之河內，次年（甲戌），訂法越友好條約，認越南為自主之國。光緒八年，法兵據安南之東京，眈眈逐逐，思大有所逞。九年，命鴻章與法使脫利古商辦。脫利古面遞節略，詎言「法兵在北圻（案卽越南北部）所為之事，中國約明毫無阻撓，並不願顯然或暗中干預越南之事，且不稍侵甲戌條約後已有之情節，事定後，中國允開雲南通商口岸。法國約明不犯中國邊境，並願備照會，切實聲明，法國毫無侵佔越南土地之意。」鴻章與之辯駁再四，法使始允刪去「並不顯然或暗中干預越事」一語，而于「不認越南自主」，則諉須請示（同集定期赴津摺）。更進一步訂立新約，以越南為其保護國。于是派兵入越，助之拒法，而于次年宣戰。鴻章堅忍鎮定，其言曰：

「傳旨商協法越事宜，臣惟中外交涉，每舉一事，動關全局。是以謀畫之始，斷不可輕于言戰，而敗挫之後，又不宜輕于言和。劉永福以新集之兵，隔河而守山西，本是危道，殺傷相當，棄城守險，疆場勝負，彼此何常？此亦未足介意。卽敵或逕犯北甯，三面受兵，勢頗難守，然我兵終無遽罷之理也。竊謂國外進行機宜，應請悉以委之岑毓英（按卽雲貴總督），進退戰守，惟利是視，不為遙制。以不甚愛惜之越地，以練我兵，以撓敵志。越亂未已，黑旗（按卽劉永福，號黑旗兵，洪楊餘黨，竄寄越南。）尚存，法亦尚存顧忌，久之彼氣衰餉耗，自願轉圜，斯得處理之法。豈可望風震慴，倉卒撤防，使窺我內怯，要挾多端，增環海各國狎侮之漸哉？

「夫南宋以後，士大夫不甚知兵，無事則矜憤言戰，一敗則恇怯言和，浮議喧囂，終至覆滅。若漢唐以前，則英君智將，和無定形，戰無定勢，卒之虛憍務名者恆敗，而堅忍多略者恆勝。足知制敵之奇，終在鎮定，伏願朝廷決計堅持，增軍繕備，內外上下，力肩危局，以濟艱難。不以一隅之失撤重防，不以一將之失撓定見；不以一前一卻，定疆吏之功罪，不以一勝一敗，卜廟算之是非。與敵人久持，以待機會，斯則籌邊制勝之要道矣。」(妥籌邊計摺)

當是時，

「法水師提督格魯比預定戰略，其海軍先奪海南，次踞臺灣，直搗福州，殲我艦隊；其陸軍則自越之東京，出略雲南貴州。如是，則水陸兩者，必大有所獲，將來東方權力，可以與英國爭衡。于是格魯比一面電達本國，請給軍需並增派軍隊；一面乘福州之無備，轟我船廠，壞我兵船；一面以陸軍迫東京；當時南方之天地，大有風雲慘淡之觀。

「李鴻章乃行伐謀伐交之策，思族英德以牽制法人。時曾紀澤方充英使，命辦此事，雖未能成，而法政府因之有所顧忌，增兵籌餉之案，在議院否決。格魯比時方攻臺灣之淡水不能下(案法將孤拔于是役陣亡)，安南之兵，又為黑旗軍所持，不得行其志，忽接此案否決之報，大憤幾死。法人乃先請和于我。李鴻章此役以後，其外交手段，始為歐人所注視矣。」(梁任公論李鴻章五三面)

遂于十一年四月二十七日，經赫德之周旋，與法使巴德納（Jules Patenôtre）議定和約十條，越南終併于法。鴻章摺稱：

「中法兩國，爲越事戰爭數年，勝負互見，今乘諒山之捷（法將李威利陣亡）之後，……法都既有悔禍之誠，中土亦可藉收戢兵之益，……遂得定艱危于俄頃，躋舉世于平康，實天下臣民之福。」（法國議和定約摺）若不勝其躊躇滿志者，蓋認「爭屬邦一隅無用之地，輕與法人決裂爲不值」也。（李恩涵：曾紀澤的外交引清光緒朝中法交涉史料卷六第廿面）

十　中日之役

「當法事之方殷也，朝鮮京城，又有襲擊日本使館之事，蓋華兵韓兵皆預有謀焉。朝鮮之爲藩屬爲自主，久已抗議于中日兩國間，轇轕未定。日本乘我多事之際，派伊藤博文來津交涉，及方到而法人和局已就。……伊藤此行，亦不能得志，僅約它日朝鮮有事，甲國派兵往，須先照會乙國而已，所謂天津條約是也。雖然，此約竟爲後此中日開釁之引線矣。」（論李鴻章五三面）

中日一戰（光緒二十年甲午公元一八九四年），我陸海軍之敗衄至慘也。梁任公之論曰：

「當中日戰爭之際，李鴻章以一身爲衆矢之的，幾于體無完膚，人皆欲殺。平心論之，李鴻章誠有不能辭其咎者。其始誤勸朝鮮與外國立約，昧于公法。咎一。既許立約，默認其自主，而復以兵干涉其內亂，授人口實。咎二。日本既調兵，勢固有進無退，而不能察先機，輒欲依賴它國調停，致誤時日。咎三。聶士成請乘日軍未集之時，以兵直擣韓城以制敵，而不能用。咎四。高陞（案卽中國僱用運兵至韓之英國船名）事未起之前，丁汝昌請以北洋海軍先鏖敵艦，而不能用，遂令反客爲主，敵坐大而我愈危。綜其原因，皆由不欲釁自我開，以爲外交之道應爾；而不知甲午五、六月間，中日早成敵國，而非友邦已。誤以交鄰之道施諸兵機。咎五。鴻章自解曰，量我兵力不足以敵日本，故憚于發難也。雖然，身任北洋，整軍經武二十年，何以不能一戰？案鴻章于中法之役，妥籌邊計摺，即陳「練軍簡器，二十餘年，徒以經費太絀，不能盡行其志，然臨敵因應，尚不致于孤注。」十七年，巡閱海軍竣事摺，亦稱「但就渤海門戶而論，已有深固不搖之勢。」則鴻章平時，亦頗自負。咎六。彼又將自解曰，政府掣肘，經費不足也。雖然，此不過不能擴充已耳。何以其所現有者，如葉志超、衛汝貴諸軍，素以久練著名，亦脆弱乃爾？且剋減口糧、盜掠民婦之事，時有所聞，乃並紀律而無之也。咎七。鎗或苦窳，彈或贗物，彈不對鎗，藥不隨械，謂從前管軍械局之人皆廉明，誰能信之？咎八。平壤之役，軍無統帥，此兵家所忌，李乃蹈之。咎九。始終坐待敵攻，制于人而不能制人，畏敵如虎。咎十。海軍不知用快船快礮。咎十一。旅順天險，西人謂以數百兵守之，糧食苟足，三年不能破。乃委之于所親暱闒冗恇怯之人，聞風先遁。咎十二。此皆可以爲李鴻章罪者。若夫甲午九、十月以後，則羣盲狂吠，築室道謀，號令不出自一人，則責備自不得歸于一點，若盡以爲李鴻章咎，李不任受也。

「又豈惟不任受而已，吾見彼責李罪李者，其可責可罪，更倍蓰于李而未有已也。是役將帥無一人不辱國，不待言矣。然比較于百步五十步之間，則海軍優于陸軍，李鴻章部下之陸軍，又較優于它軍也。海軍大東溝一役，彼此鏖戰五點餘鐘，西人觀戰者，咸嘖嘖稱讚焉。雖其間有如方伯謙之敗類原注或謂伯謙實爲救火保船，海軍兵機當云爾。，然餘船之力鬥者，固可以相償，即敵軍亦起敬也。故日本是役，惟海軍有敵手，而陸軍無敵手。及劉公島一役，食盡援絕，降敵以全生靈，殉身以全大節，鄧世昌、林泰增、丁汝昌、劉步蟾、張文宜，雖其死所不同，而咸有男兒之概，君子愍之。諸人者，皆北洋軍最重要之人也。以視陸軍之全無心肝者何如也？陸軍不忍道矣！然平壤之役，猶有左寶貴馬玉崑等一二日之劇戰，是李鴻章部下之人也，敵軍死傷相當云。其後欲恢復金州、海城、鳳凰城等處，及防禦蓋平，前後幾度，皆曾有與日本苦戰之事，雖不能就，然固已盡力矣。主之者實宋慶，亦李鴻章舊部也，是固不足以償葉志超、衛汝貴、黃仕林、趙懷業、龔照璵等之罪乎？雖然，以比諸吳大澂之出勸降告示，未交鋒而全軍崩潰者何如？以視劉坤一之奉命專征，逗留數月不發者何如？是故謂中國全國軍旅皆腐敗可也，徒歸罪于李鴻章之淮軍不可也。而當時盈廷虛憍之氣燄，若以爲一殺李鴻章，則萬事皆了，而彼峨冠博帶指天畫地者，遂可以氣吞東海，舌撼三山，蓋湘人之氣燄尤咻咻焉，此用湘軍之議所由起也。乃觀其結局，豈惟無以過淮軍而已，又更甚焉。嘻，可以愧矣。吾之爲此言，非欲爲淮軍與李鴻章作冤詞也，吾于中日之役，固一毫不能爲李、淮恕也。然特患夫虛憍囂張之徒，毫無責任，而于它人之背後，摭其短長以爲快談，而迄未嘗思所以易彼之道。蓋此輩實亡國之利器也，李固可責，而彼輩又豈是責李之人哉？

「西報有論者曰，『日本非與中國戰，實與李鴻章一人戰耳。』其言雖稍過，然亦近之。不見乎各省大吏，徒知畫疆自守，視此事若專爲直隸、滿洲之私事者然，其有籌一餉出一旅以相急難者乎？卽有之，亦空言而已。乃至最可笑者，劉公島之役，當事者致書日軍，求放還廣丙一艦，書中謂此艦係屬廣東，此次戰役，與廣東無涉云云案拳匪之亂，張之洞劉坤一所倡之東南自保，雖免地方糜爛，其局外自全之僥倖心理則一。。各國聞者，莫不笑之，而不知此語實代表各省疆臣之思想者也。若是乎，日本果眞與李鴻章一人戰也。以一人而戰一國，合肥合肥，雖敗亦豪哉！」一論李鴻章四九至五二面

初，伊藤博文之來津交涉也，「李鴻章本有一種自大之氣，今見虎狼之法，尙且帖耳就範，曩爾日本，其何能爲？故于伊藤之來也，傲然以臨之。彼伊藤于張、邵案卽張蔭桓邵友濂兩全權。日本藉敕書有請旨之語，謂非十足分際，不與開議，送回長崎。議和，私語伍廷芳，謂前在天津，見李中堂之尊嚴，至今思之猶悸。蓋得意時洩憤之言也」。「然因此之故，天津條約，竟變爲馬關條約。」一論李鴻章

日本旣拒張、邵，以其人微言輕，二十一年，二月，乃更派鴻章講于日本。鴻章以其猶子經方爲參贊。

「以二十四日抵馬關，與日本全權大臣伊藤博文、奧陸宗光開議。翌日，首議停戰條件，日本首提議以大沽、天津、山海關三處爲質，辯論移時，不肯少讓。乃更議暫擱停戰之議，卽便議和。伊藤言，旣若爾，則須將停戰之節略撤回，以後不許再提及。彼此磋磨未決。及二十八日，第三次會議，歸途中突遇刺客，以槍擊鴻章，中左顴，槍子深入左目下，一暈幾絕。日官聞警來問狀者絡繹不絕，伊藤、奧陸亦躬詣慰問，謝罪甚恭，憂形于色。日皇及舉國臣民，同聲震悼，遂允將中國前提出之節略畫押，口舌所不能爭者，藉一槍子之傷而得之！于是議和前一節，略有端緒。當遇刺之初，日皇遣御醫軍醫來視疾，衆醫皆謂取出槍子，創乃可瘳。但須靜養多日，不勞

心力云。鴻章慨然曰，國步艱難，和局之成，刻不容緩，予焉能延宕以誤國乎？寧死無割。刺之明日，或見血漏袍服，言曰，『此血所以報國也。』鴻章潸然曰：『舍予命而有益于國，亦所不辭。』其慷慨忠憤之氣，君子敬之。

「遇刺後得旨慰勞，並派李經方爲全權大臣，而李鴻章實一切自行裁斷。雖創劇偃臥，猶口授事機，羣醫苦之。三月初七日，伊藤等將所擬和約底稿交來。十一日，李備覆文，將原約綜其大綱，分四款：一、朝鮮自主，二、讓地，三、兵費，四、通商權利。除第一朝鮮自主外，餘皆極力駁議。十五日，復另擬一約底送去，卽擬請賠兵費一萬萬兩，割奉天南四廳縣地方等，日本亦條條駁斥。十六日，伊藤等又備一改定約稿寄來，較前稍輕減，卽馬關條約之大概也。是日鴻章創已愈，復至春帆樓與日本全權大臣面議，刻意磋磨，毫無讓步，惟有聲明若能于三年內還淸賠款，則一律免息，及威海衛駐兵費，減一半耳。」同書五四至五五五面

于是締約十一款，大要一、朝鮮自主，一、割遼東半島、臺灣全島及澎湖列島，一、賠償軍費庫平銀二萬萬兩，一會訂通商條約，享受「最惠國」之待遇等。

鴻章拜命之初，呈據美使田貝函稱，「日本來電，中國另派大臣議和，除先允償兵費，並朝鮮由其自主外，若無商讓土地及辦理條約畫押之全權，卽無庸前往」等語，「頃恭親王傳皇上諭依允，曷勝悚懼！」

「竊以中國壤地，固難輕以與人，至于戎狄窺邊，古所恆有。唐棄河湟之地，而無損于憲、武之

中興，宋有遼夏之侵，而不失爲仁、英之全盛。徵以西國近事，普法之戰，迭爲勝負，卽互有割讓。疆場之事，一彼一此，但能力圖自強之計，原不嫌暫屈以求伸。此次日本乘屢勝之勢，逞無厭之求，若竟不與通融，勢難解紛紓急。詳閱日本致田貝兩電，于兵費及朝鮮自主兩節，均認爲已得之利，而斷斷爭執，尤在讓地一層。惟論形勢則有要散，論方域則有廣狹，有暫可商讓者，卽有礙難允許者。臣必當斟酌輕重，力與辨爭。所慮者，會議之初，先議停戰。西例祇有議停數日或一兩旬之案，設磋磨未定，而停戰期限已滿，彼仍照舊進兵，直犯近畿，又當如何處置？

「至兵費雖允償還，多寡懸殊，亦須從容商定數目。其所云日本想有別事，應行整辦，包藏非止一端，並當相機迎拒，但能爭回一分，卽少一分之害。伏念此行本係萬不得已之舉，皇上軫念生靈，不恤俯從羣議。臣受恩深重，具有天良，苟有利于國家，何暇更避怨謗？惟是事機之迫，關係之重，轉圜之難，均在朝廷洞鑒之中，臣自應竭心力以圖之。儻彼要挾過甚，固不能曲爲遷就以貽後日之憂，亦不敢稍有游移以速目前之禍。儻于臣將行之時，旣往之後，遽以大股北擾，如何密爲籌備之處？聖明自有權衡。此則區區之愚，尤不敢不預爲顧慮者也。」（預籌赴東議約情形摺）

鴻章之沉痛心景，俱于此摺見之。任公論之曰：

「觀李鴻章此次議和情狀，殆如春秋齊國佐之使于晉（二十九反 五十九面），一八七〇法爹亞士（Thiers）之使于普，當戎馬壓境之際，爲忍氣吞聲之言。旁觀猶爲酸心，況鴻章身歷其境者！迴視十年前天津定約時之意氣，殆如昨夢。嗟乎，應龍入井，螻蟻困人，老驥在櫪，駑駘目笑，天下氣短之事，孰有過此者耶？當此之際，雖有蘇張之辯，無所用其謀；雖有賁育之力，無所用其勇。舍卑詞乞憐之外，更有何術？或者以和議之速成爲李鴻章功，固非也，雖無鴻章，日本亦未有不和者也。而或者因是而叢詬于李之一身，以爲是秦檜也，張邦昌也，則曷思使彼輩處李之地位，其結局又將何如矣？要之，李之此役，無功焉，亦無罪焉。其外交手段，亦復英雄無用武之地。平心論之，則李之誤國，在前章所列失機之十二事，而此和議，不過其十二事之結果，無庸置論者也。」（論李鴻章五八面）

十一　締結中俄密約

中日「戰事之前，中國先求調停于英俄，此實導人以干涉之漸也。其時日人屢言東方之事，願我東方兩國自了，無爲使它國參于其間。顧我政府蓄憤已甚，不能受也，惟欲嗾歐人以力脅日本。俄使囘言，俄必出力，然今尚非其時。蓋其處心積慮，相機以逞，固早有成算矣。乙未（光緒二十一年公元一八九五年），三月，李鴻章將使日本，先有所商于各國公使，俄使喀尼希曰：

『若俄能以大力拒日本，保全中國疆土，惟中國必需以軍防上及鐵路交通上之便利，以爲報酬。』

李乃與喀希尼私相約束，蓋在俄使館密議數日夜云。」（註）（同書五九面）

「馬關定約，未及一月，而俄國遂有與德法合議逼日本還我遼東之事。俄人代我取遼，非為我計，自為計也。彼其視此地為己之勢力範圍，匪伊朝夕，故決不欲令日本鼾睡于其臥榻之側也。故使我以三十兆兩代彼購還遼東于日本之手，先市大恩于我，然後徐收其成。俄人外交手段之巧，眞不可思議，而李鴻章一生誤國之咎，蓋未有大于是者。

「還遼事畢，喀希尼卽欲將前此與李私約者，提出作為公文，以要求于總署，值物議沸騰，皇上大怒，罷李鴻章，入閣閑居，于是暫緩其請，以待時機。丙申光緒二十二年公元一八九六年春間，有俄皇案卽尼古拉斯二世加冕之事，各國皆派頭等公使往賀。中國亦循例派遣，以王之春嘗充唁使，故賀使卽便派之。喀希尼乃抗言曰，『皇帝加冕，俄國最重之禮也，故從事斯役者，必國中最著名望之人，有聲譽于列國者方可；王之春人微言輕，不足當此責，可勝任者，獨李中堂耳。』于是乃改派李為頭等公使。喀希尼復一面賄通太后，甘誘威迫，謂還遼之義舉，必須報酬，請假李鴻章以全權，議論此事。而李鴻章請訓時，太后召見，至半日之久，一切聯俄密謀，遂以大定。

「李鴻章抵俄京聖彼得堡，遂與俄政府開議喀希尼所擬草約底稿。及加冕之期已近，往俄舊都墨斯科，遂將議定書畫押。當其開議也，俄人避外國之注目，不與外務大臣開議，而使戶部大臣當其衝，遂于煌煌鉅典，萬賓齊集之時，行明修棧道暗度陳倉之計，而此關係地球全局之事，遂不數日而取決于樽俎之間矣。俄人外交手段之剽悍迅疾，眞可羨可畏哉！時丙申四月也。

「密約之事，其辦訂極為秘密，自中俄兩國當事之數人外，幾于無一知者。乃上海字林西報，竟于李鴻章歷聘未歸之時，得其密約原文，譯錄以登報上，蓋聞以重金購之于內監云。其全文如下。

「大清國大皇帝前于中日肇釁之後，因奉大俄羅斯國大皇帝仗義各節，並願將兩國邊疆及通商等事，于兩國互有益者，商定妥協，以冏格外和好，是以特派大清國欽命督辦軍務處王大臣（按即領袖軍機）為全權大臣，會同大俄羅斯國欽差出使中國全權大臣一等伯爵喀，在北京商定將中國之東三省火車道接連俄西卑里亞省之火車道，以冀兩國通商往來迅速，沿海邊防堅固，並議專條以答代索遼東等處之義。

「第一條　近因俄國之西卑里亞火車道竣工在即，中國允准俄國將該火車道一由俄國海參崴埠續造至中國吉林琿春城，又向西北續至吉林省城止；一由俄國境某城之火車站續造至中國黑龍江之愛琿城，又向西北續至齊齊哈爾省城；又至吉林伯都訥地方；又向東南續造至吉林省城止。

「第二條　凡續造進中國境內黑龍江及吉林各火車道，均由俄國自行籌備資本，其車道一切章程，亦均依俄國火車章程，中國不得與聞。至其管理之權，亦暫行均歸俄國，以三十年為期，過期後，准由中國籌備資本估價將該火車道，並一切火車機器廠房等贖回。惟如何贖法，容後再行妥酌。

「第三條　中國現有火車路擬自山海關續造至奉天盛京（按今瀋陽）城，由盛京接續至吉林。倘中國日後不便即時造此鐵路者，准由俄國備資由吉林城代造，以十年為期贖回。至鐵路應由何路起造，均照中國已勘定之道接續至盛京並牛莊等處地方止。

「第四條　中國所擬續造之火車道，自奉天至山海關、至牛莊、至蓋平、至金州、至旅順口，以及至大連灣等處地方，均應仿照俄國火車道，以期中俄彼此往來通商之便。

「第五條　以上俄國自造之火車道所經各地方，應得中國文武官員照常保護，並應優待火車道各站之俄國文武各官，以及一切工匠人等。惟由該火車道所經之地，大半荒僻，猶恐中國官員不能隨時保護周詳，應准俄國專派馬步各兵數隊駐紮各要站，以期妥護商務。

「第六條　自造成各火車道後，兩國彼此運進之貨，其納稅章程，均照同治元年二月初四日中俄陸路通商條約完納。

「第七條　黑龍江及吉林長白山等處地方所產五金之鑛，向有禁例，不准開挖。自此約定後，准俄國以及本國商民隨時開採。惟須應先行稟報中國地方官具領護照，並按中國內地鑛務條程，方准開挖。

「第八條　東三省雖有練軍，惟大半軍營仍係照古制辦理，儻日後中國欲將各省全行改仿西法，准向俄國借請熟悉營務之武員來中國整頓一切，其章程則與兩江所請德國武員條程辦理無異。

「第九條　俄國向來在亞細亞洲無周年不凍之海口，一時該洲若有軍務，俄國東海以及太平洋水師，諸多不便，不得隨時駛行。今中國因鑒于此，是以情願將山東省之膠州地方，暫行租與俄國，以十五年為限，其俄國所造之營房、棧房、機器廠、船塢等類，准中國于期滿後估價備資買入。但如無軍務之危，俄國不得即時屯兵據要，以免它國嫌疑。其賃租之款，應得如何辦理，日後另有附條酌議。

「第十條　遼東之旅順口以及大連灣等處地方，原係險要之處，中國極應速爲整頓各事，以及修理各礮臺等諸要務，以備不虞。既立此約，則俄國允將此二處相爲保護，不准它國侵犯，中國則允將來永不能讓與它國占踞。惟日後俄國忽有軍務，中國准將旅順口及大連灣等處地方，暫行讓與俄國水陸軍營泊屯于此，以期俄軍攻守之便。

「第十一條　旅順口、大連灣等處地方，若俄國無軍務之危，則中國自行管理，與俄國無涉。惟東三省火車道，以及開挖五金鑛諸務，准于換約後即行便宜施行。俄國文武官員以及商民人等所到之處，中國官員理應格外優待保護，不得阻滯其遊歷各處地方。

「第十二條　此約奉兩國御筆批准後，各將條約照行。除旅順口、大連灣及膠州諸款外，全行曉諭各地方官遵照。將來換約，應在何處，再行酌議，自畫押之日起，以六箇月爲期。

「中俄密約以前爲一局面，中俄密約以後爲一局面；蓋近年以來，列國之所以取中國者，全屬新法：一曰租借地方也，二曰某地不許讓與它國也，三曰代造鐵路也，而其端皆此密約啓之。其第九條租借膠州灣，即後此膠、威、廣、旅大之嚆矢也。其第十條旅順、大連不許讓與它人，即各國勢力範圍之濫觴也。而鐵路一端，斷送祖宗發祥之地，速西伯利亞大路之成，開各國覬覦紛爭之漸者，固無論矣。嗚呼，『牵一髮，動全身；合九州，鑄大錯』；吾于此舉，不能爲李鴻章恕焉矣。」

「或曰，此約由太后主之，督辦軍務處王大臣贊之，非鴻章本意云。雖然，黑斯科草約，定于誰氏之手乎？此固萬無能爲諱者也。自此約原文既登報章後，各國報館，電書紛馳，疑信參半，無論政府民間，莫不驚心動色。鴻章遊歷歐洲時，各國交相詰問，惟一味支吾搪塞而已。其年七月，黑斯科畫押之草約達北京，喀希尼直持之以與總署交涉。皇上與總署皆不知有此事，愕怒異常，堅不肯允。喀希尼復賄通太后，甘言法（？）語，誘脅萬端，太后乃嚴責皇上，直命交督辦軍務處速辦，不經由總理衙門。西歷九月三十日，皇上揮淚批准密約。」（同書六〇至六三面）

「李鴻章之賀俄皇加冕也，兼歷聘歐洲，皆不過交際之常儀，若其有關于交涉者，則定密約與議增關稅兩事而已。……其時英與中國之感情甚冷落，且以中俄密約之故，深有疑于李鴻章」（同書六四面），增稅竟無成。「八月，鴻章自美洲歸國，九月十八日，奉旨在總理各國事務衙門行走。自茲以迄光緒二十四年戊戌（公元一八九八年）七月，實爲李鴻章專任外交時代，而此時代中，則德據膠州（光緒二十三年公元一八九七年），俄據旅順、大連灣，英據九龍及威海衛（公元一八九八年），法據廣州灣（公元一八九九年），實中國外交最多事最危險之時代也。」（同書同面）

緣「膠州灣本爲中俄密約圈內之地，今德國忽攫諸其懷而奪之，俄人之憤憤，既已甚矣，又遇有英、德阻俄借款一事，俄人暴怒益烈。于是光緒二十四年正、二月間，俄國索旅順口、大連灣兩處之事起。李鴻章爲親訂密約之人，欲辦無可辦，欲諉無可諉，卒乃與俄使巴布羅福新結一約，將旅順口、大連灣兩處及隣近相連海面，租與俄國，以二十五年爲期，並准俄人築鐵路，從營口鴨綠江中間，接至濱海方面之處。

「俄人既據旅順、大連，英國藉口于均勢之局，遂索威海衛。時日本之賠款方淸，戍兵方退。英人援俄例租借此港，以二十五年爲期，其條約一依旅順、大連故事。時李鴻章與英使反覆辨難。英使斥之曰：『君但訴諸俄使，勿訴諸我。俄使干休，我立干休。』李無詞以對焉。狼狽之情，可憫可歎。所承其半點哀憐者，惟約它日中國若重興海軍，可借威海衛泊船之一事而已。

「至是而中國割地之舉，殆如『司空見慣渾閑事』矣。當俄法與英爲借款事衝突也，法人借俄之力，要求廣州灣，將以爲在南方海軍根據地。其時英國方迫我政府開西江一帶通商口岸，將以壟斷利權。法人見事急，乃效德國故智，竟闖入廣州灣，而後議租借之，以九十九年爲期。中國無拒之之力，遂允所請。

「英國又援均勢之說，請租借九龍以相抵制，其期亦九十九年。定議畫押之前一日，李鴻章與英使竇納樂抗論激烈。李曰，雖租九龍，不得築礮台于其山上。英使憤然拍案曰：『無多言！我之請此地，爲貴國讓廣州灣于法以危我香港也。若公能廢廣州灣之約，則我之議亦立刻撤回。』鴻章呑聲飲淚而已。實光緒二十四年四月十七日也。」同書六五至六六面

「其時皇上方親政，百廢俱舉，深恨李鴻章以聯俄誤國，乃以七月二十四日詔『李鴻章毋庸在總理各國事務衙門行走』，于是外交之風浪暫息，而李鴻章任外交官之生涯亦終矣。」

西人之論曰：

「『李鴻章大手段之外交也，或曰，李鴻章小狡獪之外交家也。夫手段狡獪，非外交家之惡德。

各國並立，生存競爭，惟利是視。故西哲常言『箇人有道德，而國際無道德。』試觀列國之所稱大外交家者，孰不以手段狡獪得名哉？雖然，李鴻章之外交術，在中國誠爲第一流矣，而置之世界，則瞠乎其後也。李鴻章之手段，專以聯某國制某國爲主；而所謂聯者，又非平時而結之，不過臨事而嗾之，蓋有一種戰國策之思想，橫于胸中焉。觀其于法越之役，則欲嗾英德以制法，于中日之役，則欲嗾俄英以制日，于膠州之役，則欲嗾俄英法以制德，卒之未嘗一收其效。而往往因此之故，所失滋多。膠州、旅順、大連、威海、廣州灣、九龍之事，不得不謂此政策爲之厲階也。

「夫天下未有徒恃人而可以自存者，泰西外交家，亦嘗汲汲焉與它國聯盟，然必我有可以自立之道，然後可以制人而不制于人。若今日之中國而言，聯某國聯某國，無論人未必聯我，即使聯我，亦不啻爲其國之奴隸而已矣，魚肉而已矣。李鴻章豈其未知此耶？吾意其亦知之而無它道以易之也。要之，內治不修，則外交實無可辦之理。以中國今日之國勢，雖才十倍于李鴻章者，其對外之策，固不得不隱忍遷就一時也。此吾所以深爲李鴻章憐也。雖然，李鴻章于它役，吾未見其能用手段焉；獨中俄密約，則其對日本用手段之結果也。以此手段，而造出後此種種之困難，自作之而自受之，吾又何憐哉？」同書六七面

註：任公案語曰：「當時中國人欲借歐力以拒日者，不獨李鴻章而已，它人殆有甚焉。張之洞時署江督，電奏爭和議曰『若以賂倭者轉而賂俄，所失不及其半，卽可轉敗爲勝。懇請飭總署及出

使大臣，與俄國商定密約，如肯助我攻倭，脅倭盡廢前約，即酌量畫分新疆之地以酬之，許以推廣商務案如張策得行，則崇厚亦不為誤國。。如英肯助我，報酬亦同』云云。當時所謂外交家者，其眼光手段，大率類是，可歎。」同書五九至六〇面

十二　八國聯軍之役

二十四年九月三十日，命鴻章往山東查勘黃河工程。十月，出督兩廣。二十六年，賞用方龍補服。拳匪肇亂，八國聯軍逼京師，太后挾帝奔西安。六月十六日，詔鴻章入朝，充議和全權大臣兼督直隸，有「此行為安危存亡所係，勉為其難」李鴻章傳之語。

拳匪，即所謂「義和團」，以「扶清滅洋」為幟志，實則不過「積弱積怨」下有組織而規模較大之「打教」行為，一如過去之川黔與天津教案也。任公析之曰：

「義和團何自起？戊戌維新之反動力也。初，今上皇帝既以新政忤太后，八月之變，六賢案即譚嗣同、林旭、楊銳、劉光第、楊深秀、康廣仁，世稱戊戌六君子者也。被害、羣小競興。而康有為亡英倫，梁啓超走日本，盈廷頑固黨本已疾外人如仇讎矣。又不知公法，以為外國將挾康梁以謀己也，于是怨毒益甚。而北方人民，自天津教案以至膠州割據以來，憤懣不平之氣，蓄之已久，于是假狐鳴篝火之術，乘間而起。頑固黨以為可借達我目的也，利而用之，故義和團實政府與民間之合體也，而其所向之鵠各異：民間全出于公，愚而無謀，君子憐之；政府全出于私，悖而不道，普天嫉之。」同書七〇面

李鴻章之督粵也，「粵中華洋雜處，良莠不齊。狡黠之徒，常藉入教爲護符，以魚肉鄉里，而天主教及其它教會之牧師，常或袒庇而縱恣之。十年以來，大吏皆闒冗無能，老朽瀕死，畏洋如虎，以故其燄益張。李鴻章到粵，教民尙欲逞故智以相嘗試，鴻章待其牧師等，一據正理，嚴明權限，不稍假借，經一二次後，無復敢以此行其奸者。」（同書六九面）「使其時李鴻章而在直隸也，則此禍或可以不作，或禍作而鴻章而先與袁許輩（案卽袁昶、許景澄與徐用儀、立山、聯元俱因諫阻用拳黨開釁，棄市。清史列傳第二百五十三）受其難，皆未可知。」（同書七〇面）鴻章知非破京城後，則和議必不能成，故遲遲其行，逗留上海，至八月二十五日始抵天津，先于二十一日與兩江總督劉坤一，湖廣總督張之洞，山東巡撫袁世凱會銜密奏：

「竊俄允商各國撤兵，而必欲兩宮回鑾。德新使致臣之洞電，必欲先辦主持拳黨之人，而後開議。臣鴻章在滬晤德使荷蘭使及副總稅務司裴式楷，各國總領事等，所言皆同。是知各國公憤所在，斷難偏護。若遷延不辦，恐各國變其宗旨，愈久愈不可收拾。臣鴻章本日已將登舟北上，適接臣坤一等電，均稱伏讀八月十五日電旨，『罪在朕躬，悔何可及！』不禁感愧涕零。實則罪在臣下，中外皆知，無可掩飾。欲求救急了事之法，惟有仰懇聖明立斷，先將統拳匪之莊親王載勳、協辦大學士剛毅、右翼總兵載瀾、左翼總兵英年，及庇縱拳匪之端郡王載漪，查辦不實之刑部尙書趙舒翹等，先行分別革職撤差，聽候查辦，明降諭旨，歸罪于該王大臣等，以謝天下，以昭聖德。臣鴻章等卽可密告各國，與之剋期開議。」（李集請查辦拳匪首禍王大臣摺）

「兩宮既狩，和議乃始，雖不如日本之艱險，而轇轕亦過之。鴻章此際，持以鎮靜，徐爲磋磨，幸各國有厭亂之心，朝廷有悔禍之意，遂于光緒二十七年辛丑一九〇一年七月」李鴻章論七一面與日案即西班牙，當時稱日斯巴尼亞。使葛絡幹、美使康格、法使畢盛、英使薩道義、德使穆默、奧使齊幹、比使姚士登、義使薩瓦爾葛、日本使西德二郎及荷蘭使克羅伯同集各使請懲處查辦官紳摺議定和約十二款，其緊要者爲：

一、派專使分赴德日日使館杉山書記官被害兩國道歉，並竪碑紀念被害德使克林德案是碑建立在北京城東單、與東四排樓之間，一次歐戰告終，始改建，易名曰「公理戰勝」，移植中央公園。。

一、懲辦禍首載漪、載瀾、載勳、毓賢等，其已故者，追奪官爵，並昭雪諫阻拳亂被害官員徐用儀、立山、許景澄、聯元、袁昶（後加張蔭桓）。

一、賠款海關銀四百五十兆兩。

一、使館境界案即東交民巷。相傳大學士徐桐（漢軍正藍旗），居近使館，素疾洋人，亦係禍首。拳亂先一年春節，書「望洋興歎，與鬼爲隣」聯，以牓其門。由各國駐軍保護。

一、削平大沽及有礙京師至海通道之礮台，黃村、郎房、楊村、天津、軍糧城、塘沽、蘆台、唐山、灤州、昌黎、秦王島、山海關等處，各國駐軍留守，以保通道無斷絕之虞。案民國十五年，張作霖、馮玉祥鏖戰，馮澀大沽以拒，日軍礮擊大沽馮部，即係援用是項條款。北京學生憤段祺瑞執政府之無能，遂成三一八慘案。

一、改總理各國事務衙門爲外務部，班列六部之首。且改訂諸國使臣覲見禮節，「必與自主平等大國成規相符。」李鴻章論七一至七六面李集商定使臣覲見禮節摺

復以照會開列應行懲處或查辦之肇事地方官紳，及停止考試五年。同集各使擬請懲處查辦官紳摺，刪定停試地方商允舉行會議摺。

「聯軍和約既定，尚有一事爲李鴻章未了之債者，則俄人滿洲事件是也。初，中俄密約所訂，俄

人有自派兵隊保護東方鐵路之權，至是議和團起，兩國疆埸之間有違言焉。俄人卽藉端起釁，掠吉林黑龍江之地，達于營口，北京方有聯軍之難，莫能問也。及和議開，俄人堅持此事歸中俄兩國另議，與都中事別爲一談，不得已許之。及列國和約定，然後滿洲之問題起。李鴻章其爲畏俄乎？爲親俄乎？抑別有不得已者乎？雖不可知，然其初議之約，實不啻以東三省全置俄國勢力範圍之下，昭昭然也。今錄其文如下：

『第一條　俄國交還滿洲于中國，行政之事，照舊辦理。

第二條　俄國留兵保護滿洲鐵路，俟地方平靜後，並本條約之樞要四條一概履行後，始可撤兵。

第三條　若有事變，俄國將此兵助中國鎮壓。

第四條　若中國（原注疑指滿洲鐵路）鐵路未開通之前，中國不能駐兵于滿洲；卽它日或可駐兵，其數目亦須先與俄國協定，且禁止輸入兵器于滿洲。

第五條　若地方大官處置各事，不得其宜，則須由俄國所請，將此官革職。滿洲之巡察兵，須與俄國相商，定其人數，不得用外國人。

第六條　滿洲蒙古之陸軍海軍，不得聘請外國人訓練。

第七條　中國宜將在旅順口之北金州之自主權拋棄之。

第八條　滿洲蒙古新疆伊犁等處之鐵路鑛山，及其它之利益，非得俄國許可，則不得讓與它國；或中國自爲之，亦必須經俄國允許。牛莊以外之地，不得租借與它國。

第九條　俄國所有之軍事費用，一切皆由中國支出。

第十條　若滿洲鐵路公司有何損害，須由中國政府與該公司議定。

第十一條　現在所損害之物，中國宜爲賠償，或以全部利益，或以一部利益，以爲擔保。

第十二條　許中國由滿洲之支路，修一鐵路以達北京。』

「此草約一布，南省疆吏士民，激昂殊甚，或飛電阻止，或開會演說，聯名抗爭。而英、美、日各國，亦復騰其口舌，勢將干涉。俄使不得已，自允讓步，經數月，然後改前約數事如左：

『第一條　同

第二條　同

第三條　同

第四條　中國雖得置兵于滿洲，其兵丁多寡，與俄國協議，俄國定多少，中國不得反對，然仍不得輸入兵器于滿洲。

第五條　同

第六條　刪

第七條　刪

第八條　在滿洲企圖開鑛山修鐵路及其它何等之利益者，中國非與俄國協議，則不許將此等利益許它國臣民爲之。

第九條　同

第十條　同。並追加「此乃駐紮北京之各國公使協議，而爲各國所採用之方法」字樣。

第十一條　同

第十二條　中國得由滿洲鐵路之支路，修一鐵路至直隸疆界之長城而止。』

「至是而李鴻章病且殆矣。鴻章以八十高年，久經患難，今當垂暮，復遭此變，憂鬱積勞，已乖常度。本年以來，肝疾劇增，時有盛怒，或如病狂。及加以俄使助天爲虐，恫愒催促，於邑難安。及聞徐壽朋（案壽朋直隸淸苑人，習西國語言文字，佐鴻章議定辛丑和約者也。清史有傳）之死，拊心嘔血，遂以大漸，以光緒二十七年九月二十七日薨于京師之賢良寺。聞薨之前一點鐘，俄使尚來催促畫押云。卒之此約未定，今以付諸慶親王（案即奕劻）、王文韶（案清史列傳第二二四王文韶傳：「二十七年，改總理各國事務衙門爲外務部，授會辦大臣，命先還京，佐辦中俄交涉，交還東三省及關外鐵路。」），臨終未嘗口及家事。惟切齒曰，『可恨毓賢（案即山西巡撫拳亂首禍）誤國至此！』既而又長吁曰：『兩宮不肯回鑾』，遂瞑焉長逝，享年七十八歲。」（李鴻章論七六至七九面）

清史論之曰：

「鴻章既平大難，獨主國事數十年，內政外交，常以一身當其衝（案自同治八年（公元一八六九年），辦理川黔教案至光緒二十七年（公元一九〇一年）議定辛丑和約，凡三十二年。），國家倚爲輕重。名滿全球，中外欽仰，近世所未有也。」（李傳）

本節據本傳以繫年，依全集奏疏以屬事，議論則衷梁任公論李鴻章。梁著成于光緒二十七年十一月既望，距鴻章之死未兩月，中日之戰，中俄密約，最爲目擊。任公以維新鉅子，于「今上」感激知遇，語氣親切，正如乃師康有爲于光緒崩殂後之「素衣草履，哭走西陵」，原無足異；至對李鴻章之評論，則一準是非，方之淸史本傳，實爲詳審而毫無隱飾，堪稱直筆。以李氏當國之久，歷事之繁，允爲中國近代史不容忽視之人物，信筆寫來，將二萬言，遂爲本書最冗長之一節，讀者視之爲李鴻章外交部份年譜可也。

與李鴻章同時者，尙有湖南湘陰郭嵩燾之兼使英、法大臣，諳達時務；江蘇無錫薛福成之出使英、法、義、比大臣，爭回滇緬邊界；貴州遵義黎庶昌之歷英、比、瑞、葡、奧諸國參贊，出使日本大臣，辨論琉球案；江蘇丹徒馬建忠之與英人議鴉片專售及調護朝鮮亂事；江蘇吳縣洪鈞之出使俄、德、奧、比四國大臣，力爭帕米爾界；安徽貴池劉瑞芬之出使英、俄、等國大臣，改駐英、法、義、比，協議先開漠河金鑛，杜俄人之覬覦，朝鮮初亂，上書存藩屬以固邊陲；漢軍正黃旗楊儒之出使美、日、秘三國大臣，調使俄、奧、和三國，八國聯軍之役，俄掠據吉、黑，儒交涉撤兵，保全自主；徐壽朋之出使韓國，惠保僑民；及李鳳苞之出使德國大臣、旋兼使奧、義、荷，澳門自明中葉久爲葡萄牙人稅居，鳳苞建言與葡訂約，免後患，部議寢其事，後一年而葡人遂據其地：皆具遠識，卓有成就。

抑中國之遺使，始于光緒初，嵩燾首膺其選。諸人並嫻文學，各有著述，洪鈞之元史釋文證補，馬建忠之文通，尤爲博洽精審，見重士林，雖俱不得展其效，不能謂非弱國之美使也。故併附于篇。

淸史列傳
第二三三

第三節　曾紀澤爭回伊犂

曾紀澤，字劼剛，大學士一等毅勇侯國藩元子也。少負儁才，以蔭補戶部員外郎。父憂服除，襲侯爵。光緒四年公元一八七八年，左宗棠底定新疆之年，充出使英法大臣，補太常寺少卿，轉大理寺。六年，使俄大臣崇厚獲罪去，以紀澤兼之。清史列傳第二百三十三曾紀澤傳

先是，我東南方困于洪楊，新疆回氛亦熾，回酋帕夏及回匪白彥虎相挻為亂，據喀什噶爾，稍蠶食天山南路八城，又攻烏魯木齊即今迪化據之，遂併有北路伊犂諸城。伊犂將軍明緒不能討，請暫假俄兵助剿，許之。俄允借兵而遲延不發。同治六年公元一八六七年，六月，俄使倭良嘎哩以西疆不靖，有妨通商，貽書總署責問。十年五月，襲取伊犂，復欲乘勝收烏魯木齊。十一月，伊犂將軍榮全與俄官博呼策勒傅斯奇會于俄國色爾賀鄂普勒，議交還伊犂。俄官置伊犂不問，僅議新疆各處如何平定，並以助兵為言，要求在科布多、烏里雅蘇台、烏魯木齊、哈密、阿克蘇、喀什噶爾等處通商設領事，及賠補塔爾巴哈台商館，並請讓科布多所屬喀納額爾濟斯河，及額魯特游牧額爾米斯河歸俄。榮全等拒之，博呼策勒傅斯奇遂置伊犂事不議。已而忽如北京總署，請仍與榮全會議，又忽辭歸國。接收伊犂，竟告延宕。十三年，命陝甘總督左宗棠督辦新疆軍務。案即民國督辦某省軍務簡稱督軍所本

光緒元年夏，五月，俄游歷官思索諾等來蘭州，言奉國主之命，欲與中國永敦和好，俟中國先復烏魯木齊、瑪納斯、即便交還伊犂，左宗棠以聞。既而左宗棠以新疆與俄境毗連，交涉事繁，請旨定

奪，帝命左宗棠主辦。三年，議修陸路通商章程，俄使布策（Eugen Butzow）欲于伊犂未交之先，通各路貿易，朝廷不允，僅允西路通商，而仍以交收伊犂，與商辦各事並行爲言。俄人又以榮全張示激伊犂人民不遵俄令，烏里雅蘇台官吏擅責俄人（即詬辱俄官之意），江海關道扣留俄船，英廉擅殺哈薩克車隊及徵收俄稅，指爲違約，謂非議各事不可。會新疆南路大捷，各城收復，回匪白彥虎等竄俄，中國援俄約第八款，請執送，屢與理論，未決。四年五月，命吏部左侍郎崇厚使俄，議還伊犂及交白彥虎諸事。（清史邦交志一俄羅斯）

崇厚，字地山，完顏氏，內務府鑲黃旗人，河督麟慶子。道光二十九年（公元一八四九年）舉人，選知階州（今甘肅省武都縣）。咸豐十年（公元一八六〇年），署鹽政。十一年，充三口（案即天津登州牛莊）通商大臣。明年，遷大理寺卿，仍留津與英、法重修租界條約。同治改元（公元一八六二年），署直隸總督。葡萄牙遣使入京乞換約，朝命崇厚承其事。已而丹麥、荷蘭、日斯巴尼亞、比利時、意大利諸國相繼遣使求取，並以崇厚延款，或命爲全權大臣與訂通商約章。九年，津郡民教失和，被議。事寧，朝廷遣使修好，命充出使法國大臣，是爲專使一國之始，然事畢即返（案此使實道歉性質）。歷署戶部、吏部侍郎，頗有通曉「洋務」之譽。（清史列傳第二百三十三崇厚傳）

初，左宗棠進兵伊犂，乘俄土戰爭（1877–78），要俄人退出庫爾札，俄人多所要求。五年，崇厚以吏部左侍郎、內大臣銜、晉左都御史出使俄國頭等全權大臣，抵利伐第亞 Livadia，（在黑海邊。），謁俄皇（案即亞歷山大二世），達使命，貿然與訂條約：一、自嘉峪關、西安、漢中達漢口，俄有通商權；一、自松花江至伯都訥，貿易自由；一、自蒙古及天山南北輸入商品，不課稅金；一、自西伯利亞至張家口，歸俄敷設鐵道；一、自陝甘至漢口，既榷常稅，其雜稅概免；一、嘉峪關、哈密、吐魯番、烏魯木齊、庫車置領事官；一、凡俄國臣民旅華，許攜銃器；一、伊犂城及旁近地，凡俄所有土地及建築物，不在還付例。約成，朝野譁然，交章論劾崇厚傳。洗馬張之洞抗爭尤力。謂

「新約十八條，其最謬妄者，如陸路通商，由嘉峪關、西安、漢中直達漢口，秦隴要害，荊楚上游，盡爲所窺。不可許者一。東三省，國家根本，伯都訥，吉林精華，若許其乘船至此，即與東三省任其游行無異，是于綏芬河之西，無故自蹙地二千里；且內河行舟，乃各國歷年所求而不得者，一許俄人，效尤踵至。不可許者二。朝廷不爭稅課，當恤商民。若準、回兩部，蒙古各盟，一任俄人貿易，概免納稅，華商日困。且張家口等處內地，開設行棧，以後逐漸推廣，設啓戎心，萬里之內，首尾銜接。不可許者三。中國屏藩，全在內外蒙古沙漠萬里，天所以限夷狄。如蒙古全站，供其役使，一旦有事，音信易通，必撤藩屏，爲彼先導。不可許者四。條約所載，俄人准建卡三十六，延袤廣大，無事而商往，則稽不勝稽，有事而兵來，則禦不勝禦。不可許者五。各國商賈，從無許帶軍器之類，今無故聲明人帶一槍，其意何居？不可許者六。俄人商稅，種種取巧，若各國希冀均霑，洋關稅課，必至歲絀數百萬。不可許者七。同治三年新疆已經議定之界，又欲內侵，斷我入城之路。新疆形勢，北路荒涼，南城富庶，爭磽瘠，棄膏腴，務虛名，受實禍。不可許者八。伊犂、塔爾巴哈台、科布多、烏里雅蘇台、喀什噶爾、烏魯木齊、古城、哈密、嘉峪關等處准設領事館，是新疆全境，盡由出入。且各國通例，惟沿海口岸准設外邦領

事，若烏里雅蘇台乃我邊境，今日俄人作俑，設各國援例，又將何以處之？不可許者九。名還伊犁，而山嶺內卡倫以外，盤據如故。割霍爾果斯河以西，格爾海島以北，金頂寺又爲俄人市廛，約定俄人產業不更交還，地利盡失。不可許者十。」又言改議之道：

「一、在治崇厚以違訓越權之罪。一、在請諭旨，將俄人不公平，臣民公議不願之故，布告中外，行文各國，使評曲直。一、在據理力爭，使知使臣畫押，未奉御批示覆，不足爲據。一、在設新疆、吉林、天津之防以作戰備。」邦交志一疏入，命與修撰王仁堪等及庶吉士盛昱所奏並交大學士李鴻章、左宗棠、沈寶楨、伊犁將軍金順左宗棠副欽差塔爾巴哈台參贊大臣錫綸等議。李鴻章言：

「查俄人踞守伊犁，將近十年，每歲收其商農之利數十萬金。其平時注意開疆拓土，得尺得寸，不稍退讓。即迫于公論，礙于成約，不能不返我故地，然彼國上下深謀，視爲奇貨，藉肆要挾，不饜其欲壑不止。俄人陰鷙狡詐，雖英德等國皆視爲勁敵，而憚與共事。我出使大臣益沉毅堅忍，置得失榮辱于度外；又必統籌全局，相機應付，以全力與之磋磨，乃不至墮其術中。中國士大夫風氣，向以出使爲畏途，平時講習俄事者尤少，而此事一出一入，關係極鉅。往者微臣籌及西事，每不免鰓鰓過慮者，誠恐恢復故疆則有名無實，變通商務，或受損于無窮也。議者初慮俄人浮開兵費，俾我力不能償爲久假不歸之計，今覈計償銀二百八十餘萬兩，尚不甚多，俄人之善于操縱而隱肆要求者在此，崇厚之受其牢籠而不免牽就者亦在此。不知償費一層，中國即多出數百萬金，雖竭蹶于一時，不至貽患于事後。若界務商務，則幾微不愼，後悔難追。在崇厚或因使俄之役，以索還伊犂爲重，既欲急得地以報命，而它務之利病，遂不遑深計，誠未免失之輕率。「謹將議定約章，詳加考覈，除其中不甚關輕重者無庸置議外，其第四款，俄人在伊犂准照舊營業；第十款，于喀、庫二城設領事外，准添設嘉峪關等七領事官；第十二款，俄國在蒙古天山南北路貿易，均不納稅；第十三款，設領事處及張家口准設棧；第十四條，俄商運俄貨走張家口、嘉峪關赴天津漢口，過通州西安漢中運土貨回國同路。凡此俄商所佔之利，不如是不足慊其意，而伊犂亦不肯還。然彼此人民雜處，則界限仍未分明。添設口岸太多，則辦理易生枝節。其餘奪華商之生計，侵官茶之引地，在彼獲益不少，在我耗損已多。至分界之事，第八款，塔城界址稍改，現尙未知其詳；第七款，中國接收伊犂後，陬（亦作霍）爾果斯河西及伊犂山南之帖克斯河（Tekkes）歸俄屬。就總理衙門寄到分界圖說覈之，伊犂西界，割去一條長數百里，其患猶淺；南界割去一條亦數百里，跨踞天山之脊，隔我南八城往來要道。細揣俄人用意：一則哈薩克、布魯特游牧諸部新附俄邦，今復遮其四境，絕彼嚮化之塗；一則扼我咽喉，使新疆南北聲氣中梗，心殊叵測。夫中國所以必收伊犂者，以其居高臨下，足以控制南八城，談形勢者，謂欲守回疆，必先守伊犂也。今三面臨敵，將成孤注，自守方不易圖，豈足控制南路？想左宗棠等礙難遵辦。是界務與商務相較，界務尤重矣。總理衙門原奏謂收回伊犂，尙不如不收回之爲愈，洵爲洞見底蘊。「查同治八年英國新約，以彼國未經批准，至今不行。同治二年，葡國使臣來津訂約，以爭論澳門設官一事，迄未互換。現修俄約，既有批准後通行之語，又有西國成例可援，原可置而不行，且與萬國公法所論，亦有相符之處。第此次崇厚出使，係奉旨給與『全權便宜行事』字樣，不可謂無立約定議之權，若先允後翻，其曲在我。自古交隣之道，先論曲直，曲在我而侮必自招；用兵之道，亦論曲直，曲在我而師必不壯。今日中外交涉，尤不可不自處于有直無曲之地。我既失伊犂，而復居不直之名，為各國所訕笑，則所失更多。且彼仍必以分界修約為詞，時相促迫，促迫不已，必啓兵端；而西北路各軍與俄人偪處，積不相能，約既不換，則隨時隨事，易生猜嫌，亦難保不漸開邊釁。中俄接壤之處約萬餘里，迨兵衅一開，其所要求，恐僅照現議而不可得者。況防不勝防，日本探聽伊犂消息，以為詘伸進止。若聞俄事不諧，或將伺隙而動，即英德各國修約，恐亦因而生心。是崇厚所定俄約，行之雖有後患，若不允行，後患更亟。中國必自度能始終堅持，不至受人擠偪，且必自度邊備完固，軍餉充裕，足資控禦，乃可毅然為之。否則，躊躇審顧，祇能隨宜設法，徐圖補救。並宜稍示寬容，免使它國聞之，長其效尤之計。

「竊思崇厚電音簡略，其定約時如何辨議？尚未盡知，若使當日明告俄人，各事必候批准後方能舉辦，或另有活動之語，或別有轉圜之法。約計該大臣冬月可以回京，應由總理衙門王大臣密與詳詢，體察情勢，俟換約時能否將界務商務酌議更改，如改得一分，亦獲一分之益，倘實無可改易，無可延宕。嗣後界務應如何布置？諒左宗棠等必就近酌度妥辦。

「至商務補救之方，大要有二：一曰立法，一曰用人。查泰西各國，彼此商民皆可隨地貿易居住，耦俱無猜，由其用法之善。中俄舊約，原許俄商順便往蒙古各處貿易，今既擴充甚多，宜審各處民情地勢，俾當事者督同地方官妥議章程，由總理衙門核定畫一，暫爲試辦，以便籌商經久之道。其張家口、嘉峪關爲東西兩路入內地扼要之處，尤宜嚴密稽查。凡沿途抽換私賣逃稅等弊，分別照約罰辦，勿稍含混。如果沿途不得銷售包攬，則于無限制之中，稍有限制，此立法之要也。惟是人存則政斯舉，徒法不能治民，將來陸路通商益廣，交涉益繁，更制必更多，其安肅道及張家口監督兩缺，宜與海關道員並重。新疆各城，如郡縣暫難改設，或擇要添設道員，遴選洋務人才，設法調劑，以期辦理妥洽。至各路將軍大臣，持節臨邊，責任艱鉅，必得熟諳時務，威惠交孚，乃有裨益。似應不拘資格，滿漢文武並用，以重邊防而資整理，此用人之要也。」（李集奏稿卷三十五籌畫交收伊犁事宜摺。）左宗棠奏曰：

「自俄踞伊犁，蠶食不已，新疆乃有日蹙百里之勢。俄視伊犁爲外府，及我索地，則索償盧布五百萬元。是俄還伊犁，于俄無損，我得伊犁，僅一荒郊。今崇厚又議畀俄霍爾果斯河，及帖爾斯河，是畫伊犁西南之地歸俄也。武事不競之秋，有割地求和者矣，茲一矢未加，遽捐要地，此界務之不可許者也。俄商志在貿易，其政府既廣設領事，欲藉通商深入腹地，此商務之不可許者也。臣維俄人包藏禍心，妄忖吾國或厭用兵，遂以全權之使臣牽制疆臣。爲今之計，當先之以議論，委婉而用機，次決之以戰陣，堅忍而求勝。臣雖衰（是時宗棠年六十九）慵無似，敢不勉旃！」（清史列傳第一百九十九左宗棠傳）

遂下崇厚獄，定斬監候，更遣曾紀澤使俄議更約。

駐華俄使布策自返國與崇厚議約後，迄留俄都，代理館務凱陽德（A. I. Koyander）聞崇厚之開缺交部議處也，卽向總署提出質問；及崇厚膺重譴，更一再咆哮總署，聲稱將下旗返國。而俄國軍部之態度，尤爲強硬。土耳其斯坦總督高伏滿（Constantine Petrovich Kaufmann）一向力主對外擴張，俄軍之踞伊犂，卽其發縱指使，至是更大舉增調陸海軍思一逞。中國方面，主和主戰，雖無定論，平定新疆之左宗棠，則老當益壯，調兵遣將，不惜馬革裹屍。一時劍拔弩張，大戰有一觸卽發之勢。紀澤慮礙交涉，首請貸崇厚死，侍郎郭嵩燾疏請準萬國公法，寬免崇厚罪名，乃至英法二使各奉本國命，亦以因定約治使臣罪爲不然，代爲乞請。朝廷不得已允減崇厚罪，詔仍監禁。

紀澤拜命之初，蓋不勝其戒愼恐懼。以爲當舉朝鼎沸之後，以二等之節而欲改頭等使臣之約，正如「障川流而挽旣逝之波，探虎口而索已投之食，事之難成，已可逆睹，覆車有轍，欲避何由？」曾紀澤的外交引曾惠敏公遺集文集卷三頁七巴黎致總署總辦至對總署命兼使英法俄國，則認爲深得運用之妙；氣氛和諧則駐俄，談判棘手則離境，可以進退綽裕也。于是自巴黎疏曰：

「伊犂一役，辦法有三：曰戰、守、和。言戰者謂左宗棠等席全勝之勢，不難一戰。臣竊謂伊犂地形巖險，俄爲強敵，非西陲比，兵戎一啓，後患滋長。東三省與俄毗連，根本重地，防不勝防。或欲游說歐邦，使相牽制，是特戰國之陳言耳。各邦雖外和內忌，而協以謀我則同，孰肯出而相助？言守者則謂伊犂邊境，若多糜巨帑以獲之，是騖荒遠潰腹心也，不如棄而勿收。不知開國以來，經營西域者至矣。聖祖世宗不憚勤天下力以征討之，至乾隆二十二年，伊犂底定，腹地始得安枕；今若棄之，如新疆何？說者謂姑紓吾力，以俟後圖。不知左宗棠等軍，將召之使還乎？則經界未明，緩急何以應變？抑任其遙逍境上，則難于轉饟，銳氣坐銷。

「是今日之事，戰守皆不足恃，仍不外言和。和亦有辦法三：曰分界、通商，賠款其小者也。即通商亦較分界爲輕。何以言之？西國定約之例，有常守不渝者，亦有隨時修改者。不渝者，分界是也，此益則彼損，是以定約之時，其難其愼。修改者，通商是也，若干年修改一次。條文之不善，商務之受損，正賴此修改之年可以改約，固非彼族所得專也。俄約經崇厚議定，俄君署押，今欲全數更換，勢所不能。臣愚以爲分界既屬常守之局，必當堅持力爭；若通商各條，惟當去其太甚，其餘從權應允，俟諸異日之修改，庶和局可終保全。不然事機決裂，必須聲罪致討，此戰之說也。廟堂勝算，固非使臣所敢議也。不然，暫置伊犁勿論，此守之說也。是邊界不可稍讓，而全境暫可盡捐，臣亦未敢以爲是也。再不然，姑先爲駁議，俟不得已時，酌量允之，此和之說也。是迺市井售物嘗試之術，非所以敦信義，馭遠人也。蓋准駁貴有一定之計，勿致後日迫于事勢，復有後允之條。

「今臣至俄都，但言兩國和好，自應遣使通誠；至辨論公事，傳達語言，係使臣職分，俟接奉本國文牘，再行商議。如此立言，庶不至見拒鄰邦，貽國羞辱。臣駑下，惟有懍遵聖訓，不激不隨，冀收得尺得寸之功，稍維大局。」（曾紀澤傳）

古者行人出使，「受命而不受辭」，紀澤力排囂議，不求廢約之全功，不辭尺寸之微效，而折衷至當于「重界輕商」，可謂運籌決勝，識輕重，知彼己者矣。時俄土戰爭方了，英俄猜嫌日滋，俄人內懼民亂，外防英侵，以為中國之突然翻悔，未始非英國之祟也。紀澤適以駐英使者，前來議約，未免尷尬。紀澤力斥主戰者之不智：

「俄人之堅甲利兵，非西陲之回部亂民所可同日而語；大兵履險地以犯強鄰，直可謂孤注一擲，不敢謂能操必勝之權也。不特此也，伊犁本中國之地，中國以兵力收回舊疆，于俄未有所損；而兵戎一啓，後患方長，是伊犁徼倖而克復，只可為戰事之權輿，而不得謂大功之已蕆也。俄人恃其詐力，與泰西各國爭為雄長，水師之利，推廣至于東方，是其意不過欲藉伊犁以啓釁端，而所以擾我者，固在東而不在西，在海而不在陸。我中原大難初平，瘡痍未復，海防甫經創設，布置尚未悉周，將來之成效，或有可觀，第就目下言之，臣以為折衝禦侮之方，實未能遽有把握。又況東三省為我根本重地，迤北一帶，處處與俄毗連，似有鞭長莫及之勢，一旦有急，尤屬防不勝防。」（曾紀澤的外交九八面引惠敏集奏疏卷二頁一敬陳管見疏）繼言兵費不能不加：

「此事（駁改崇約）縱辦得順遂，大約界務稍有更改，則兵費不能不加。商務係俄人所最重者，必不能全行駁改；若能勸其歸于另案辦理，即屬萬幸。然此案若不兼議商務，則兵費又不能不加，紀澤雖尚未赴彼都，然以愚意揣之，斷無駁改全約而不加兵費之理。」（同書一百面）並預籌此次交涉之可能後果：

「俄事開辦伊始，該國狡譎難測，僥天之幸，將能全收伊犁，酌改商務，是為上了；如俄不受商量，我則全駁商務，緩索伊犁，是爲中了；俄人不講情理，竟開邊衅，照各國舊章，使者須離境，是爲下了。刻惟禱祝，以求無至下了局也。」（同書同面）

且說明其重界輕商之基本方略：

「俄約經崇厚議定，中國誠爲顯受虧損，然必欲一時全數更張，則雖施之于西洋至小極弱之國，猶恐難于就我範圍；俄人桀驁狙詐，無端尚且生風，今于已定之約，忽云翻異，而不別予一途以爲轉圜之路，中國人設身處地，似亦難降心相從也。……臣之愚以爲分界既屬永定之局，自宜持以定力，百折不回。至于通商條約，惟當即其太甚者，酌加更易，餘者從權應允，而採用李鴻章立法用人之說以補救之；如更有不善，則俟諸異日之修改。得失雖暫未公平，彼此宜互相遷就，庶和局終可保全，不遽決裂。然仍須從容辯論，紓與委蛇，非一朝一夕所能決議也。」

紀澤爲崇厚乞恩以祛除俄人之猜，游說英國外相葛蘭斐爾（Earl of Granville）暨首相格蘭斯登（William E. Gladstone）以爭取友邦之助，望于中俄談判相持之際，俄都英使，出爲斡旋，格慨然允諾。並請俄國駐英大使勒班諾甫、洛斯妥夫斯基（Aleksei B. Lobanor-Rostovsky）函介俄外交部尚書格爾斯（Nicholas Karlovich de Giers），爲之先容，即于六月初七日自倫敦啓程，經巴黎，于二十四日抵達俄京，接印視事，開始例行活動。其隨員中有駐英參贊銜二等翻譯官英人馬格里，及受知左宗棠沈葆楨創建福州馬尾造船廠之法人日意格（Prosper Giquel）（清史有傳），遂遣馬、日分訪英駐俄大使德佛楞（Lord Dufferin）與法駐俄大使商犀（Alfred Engéne Chanzy）求助，馬格里復與英駐俄使館參贊白龍

鐙 (F. R. Plunkett) 保持密切聯繫，此紀澤于英法與俄國間微妙關係之運用也。次日，紀澤拜訪格爾斯對崇約作初步表示外，央其早日安排呈遞國書。格爾斯「面冷詞橫」，首言崇約之不能改，繼而歷數中國加罪崇厚，增兵設防，勢難再議新約。紀澤逐項駁辯，力言兩國維持和平之必要，表示中國並無急改和約之意，蓋屬意于和諧氣氛之培養與散播，俾利談判之進行。彼之連電爲崇厚請命，與夫英法二使之代請赦免，而崇厚卒獲加恩開釋，並將詬辱俄官之案先行議結者，皆試行此一意念之效也。

格爾斯于曾紀澤之請遞國書，遷延至七月十四日始覆定十七日，在聖彼得堡城外薩爾斯克行宮覲見俄皇。適奉開釋崇厚及辦結邊案之電，卽據以照會俄外交部，說明中國對俄之善意，俄皇遂認爲眞心友好之據，于呈遞到任國書之頃，頗假顏色。次日，訪晤格爾斯、外部侍郎熱梅尼 (Aleksadr Genrikhovich Jomini)、總辦梅尼闊夫 (A. A. Melnikov)，及駐華公使布策開議修改崇約，俄方且促其迅提擬改節略。紀澤一本「重界輕商」之原則，權衡輕重，大體依總署原議駁改，而措辭則不甚決絕。如伊犂須交還全境；塔城、喀什噶爾邊界仍照舊界，「倘實有不便，宜各派員勘定」；領事只能添設嘉峪關一處，「日後商務繁多，再商添設」；天山南北路俄商不宜全行免稅等。有總署原議未提而自行敍列者，如崇約中俄人割取伊犂西邊及帖克斯川盆地 (Tekkes Basin)，本以安置伊犂遷民爲詞，紀澤卽于節略中豫與商議安置遷民辦法；而以「其它細節應俟大端商有頭緒再議」，爲概括之聲明。于總署認爲最要關鍵如西安、漢中通商，松花江航行，轉存而不論。

格爾斯則要求中國先履行三事：一、大赦伊犂居民；二、償還代守伊犂兵費並補卹俄人損失之銀兩；三、伊犁遷出回民，由中國劃定地方安置。更指責節略將崇約全駁，無可改議，拒與曾氏續商；並表示雖不強迫中國全部接受和約，決命駐華公使布策回任，在北京詳商。布策受命，取道西歐，準備由法國馬賽乘船；一時事態，頓形嚴重。紀澤即一面覆格爾斯，對第一項無問題，第二項亦允照崇約原議兵費及卹款辦理，于第三項則予拒絕。一面電總署請力持鎮定，認釋崇結案，我爲有理，俄人雖橫，自能應付。並專摺上奏，擬派參贊邵友濂返國，備在京議約時之顧問。又電告布策已啓程離俄，留在俄京，無可再議。

斯時總署深恐布策來華，勢將橫生枝節。訓令紀澤爭重讓輕，力爭數條，即可轉圜；制止邵友濂返國，亦不准其輕離俄國。一面命劉錦棠署欽差大臣督辦新疆軍務，陰爲部署，以防布策回任談判之破裂。紀澤即著手準備最劣情況之肆應，草擬向俄抗議（Protest）文書，表明「中國因不得已暫棄伊犁之苦衷，並不放棄收回崇約中之重要權利」。嗣訪熱梅尼要求仍在俄京談判，追回布策；但有可讓之處，中國必酌量相讓。俄國遂召回布策，于八月二十八日與紀澤恢復會談，俄廷並限此次會議期限爲一箇月。于是紀澤將原提節略，稍予修改，如伊犁界務，專爭南境帖克斯川地方，其西則允酌讓與俄；塔、喀兩城界務，不再堅持舊線，允由兩國派員勘定；並提出廢棄崇約松花江航行及拏辦逃俄回匪首領白彥虎二事。

俄人于改約談判之決策爲「重商輕界」，與曾紀澤所抱，適相反而不相悖。其軍事當局早認伊犁南境之帖克斯川盆地與莫薩爾山口（Mozart Pass）並無戰略及經濟價值，望得相對之商務利益，即可退還中國。布策于第二次節略不甚反對，但與熱梅尼一再提議「中國須另讓土地以爲補償。」紀澤則力拒「約外補償」，謂俄國自崇約所獲之巨大權益，「祇可議減而不可議增」，「原約外不得增添一事」，但能「在約內尋相讓地步」。復向布策明白表示，「中國既不批准崇約，只有求貴國退讓，斷無更許進取之理」，及不恤「緩索伊犁，徑廢和約」之意願。自八月二十八日開議，至九月二十九日僵持未決，而限期屆滿。俄皇因允展限二箇月，以示其不欲中俄談判決裂之善意。

熱梅尼對曾紀澤所持「緩索伊犁，徑廢崇約」之強硬態度，即以「抗議」方式，寧將崇約存而不論，而不願將崇約所失權利，再行增加（案此即後來「九一八」事變，美國國務卿史汀生于日軍所爲之既成事實，概予否定，名震國際之「不承認主義」之所本也。），甚爲憤慨。于是主張提出類似最後通牒（Ultimatum）文件，如中國再拒絕批准崇約，則將交涉移往北京或宣布談判決裂，並主電知甫經涖任之俄國遠東艦隊司令洛索物斯基（S. S. Lessowsky），隨寄書面訓令及全權證書，命其在北京作決定之談判。是時中俄間緊張情勢，達于極點，俄艦紛紛自黑海、波羅的地海駛向遠東，構成一強大之艦隊。幸俄皇及陸軍部尚書米留丁（Comte Miliutine）、外交部尚書格爾斯暨布策均不贊同熱梅尼之強暴政策，熱梅尼始以備忘錄向紀澤提出改議崇約之對案，其要點爲

「一、俄國允將帖克斯川盆地歸還中國，但中國須將崇約照舊批准，將俄國所允商改者，載于另外專條之內；

二、松花江行船至伯都訥問題，中國願與俄國商量；

三、中國應賠還俄國兵費。」

此對案與紀澤所提第二次節略，並無抵觸，增付償費，清廷自始即無拒絕之意。茲俄既允歸還帖克斯川盆地，紀澤乃思收回伊犁全境，于十月初八日與熱梅尼、布策、梅尼閣夫會談中即提議「何不將伊犁西邊一條窄地，一併交還中國？」並力爭帖克斯川西界，應照伊犁將軍明誼所勘舊界劃分；塔城及喀什噶爾與俄國邊界，亦應與伊犁邊界，一同照舊界勘定，「順天山直到葱嶺」。此後更一再敦促熱梅尼、布策歸還伊犁西邊地方，並聲明中國「願意商添償款」，以為報酬。其言曰：

「俄國先還帖克斯川，中國甚為感謝；若無西邊地方，究非全伊犁，無以對中國士庶。若為安置遷回，以貴國之大，何難另想辦法？故云如肯交還伊犁全境，自屬善事；如必不肯，亦唯俄皇之命是聽，但償款即不能再加耳。」熱梅尼、布策拒之。

至于塔城及喀什噶爾邊界問題，紀澤一面峻拒俄國照崇約所載界線勘分，一面堅持按照同治三年明誼所定舊界辦理，並言「喀什噶爾之界，原為定無界之處。按地圖上所畫之線，極為明顯，線之所到，皆為有界之處。無界之處須定，有界之處，不必另定。」于松花江行船問題，提出三項不同解決辦法：①請俄逕廢行船專條；②中俄可再商酌俄船行駛界限，但不必到伯都訥；③俄船准駛至伯都訥，但不准在松花江行駛。關于兵費問題，首先指出兵費名目之不正，認為「如貴國以中國遲延一年又三月，始批前約，欲請加增代收代守之費，雖不照原約之例，核實計算，而稍有增加，中國猶可商議；若直索兵費，縱貴國再加兵船前往，中國亦不答應。」嗣再發出另一節略，除重申已表明之意見外，要求俄國新置領事，只能限于嘉峪關一處；有關商務事宜，均照天津至內地例辦理；松花江行船問題，請予緩議；中國增付償款二百五十萬盧布。此與熱梅尼及布策增設嘉峪關、烏魯木齊兩處領事，償費二千五百萬之要求，自有出入。然氣氛已漸祥和。

紀澤于布策印象最深，謂爲陰譎狡詐，「入水不濡，入火不爇。」于熱梅尼則謂其于大端不敢專對，小事則欠精密，甚至訓令與答覆兩歧，「爭辯雖繁，漫無實際，朝允商改，夕復游移。」十一月初二日，俄皇及格爾斯至自黑海之克里米亞半島，初七日，紀澤晤商格爾斯，十日，格氏回訪曾氏于中國使館。俄皇于中俄談判，亦甚表關切，有「勿使中國爲難，于無可讓中，再行設法退讓」之諭。故十一月十四日，格爾斯與曾紀澤第三次會談，表現非常友好，允將崇厚原約各條，分別批改；附訂之中俄陸路通商章程，另訂新章；帖克斯川盆地之西邊界線，原則上照同治三年明誼所訂舊界畫定，但要求界內畫入華境之俄國村莊數處讓與俄國；塔城、喀什噶爾邊界照現界畫定，松花江行船至伯都訥從緩商辦；俄國領事只增設嘉峪關、吐魯番兩處；增付俄國償費，並不用「兵費」字樣。于是除伊犂西境邊界外，大體與紀澤所力爭者，至爲接近，惟償款數目，有待折衝耳。熱梅尼曾聲明俄國因對華備戰，耗費盧布一千二百萬，並函格爾斯力主勒索，而以千萬爲極限，格爾斯于覆示中亦頗以能再增二三百爲滿足。迨與紀澤議商時，熱梅尼初索增償四百萬，格爾斯則要增償五百萬；紀澤初還價二百五十萬，最後以四百萬定議。

中俄改約談判，至此已入坦途。十一月二十二日，布策至中國使館會晤曾紀澤，允將崇厚原約，逐款依新議條款更改，以備俄國提出答覆。二十六日，格爾斯復致照會兩件與修約節略一件，以爲俄方改議崇約之正式底案。第一照會聲明：「此次俄國允改各條，中國若仍不允，則不得在俄再議，所有經允商改之條，全行收回。」第二照會說明交收伊犁辦法次第。修約節略，允許修改各條，列爲七款：

「一、俄國允將伊犁南境全部歸還中國，其西南邊與俄國邊界准照同治三年(公元一八六四年)伊犁將軍明誼所定舊界畫分。

二、喀什噶爾邊界，照中俄兩國現管地帶勘定。

三、塔城邊界于明誼原界與崇約所定兩界之間，酌中勘定，專以畫分中俄邊境上聚居之哈薩克族衆爲主。

四、嘉峪關通商，照天津通商前例辦理，崇約所訂由嘉峪關赴西安、漢中兩路及漢口通商之字樣，均予刪去。

五、松花江行船至伯都訥專條，允爲廢除；但聲明『璦琿舊約如何辦法，再行商定。』

六、俄國在華添設領事，限于嘉峪關、吐魯番二處，『餘俟商務興旺時，再議添設。』

七、天山南北路俄商貿易事，允將崇約中『均不納稅』字樣，改爲『暫不納稅』，增設『俟商務興旺，再訂稅章。』」二十八日，格爾斯又提議願將崇厚原訂條約及所附專條與通商章程，全部廢棄，依新訂各項協議，另訂新約。

紀澤于格爾斯節略所允各條，頗表滿意，以其與總署歷次指示，大致相符也。然仍再度向格爾斯提出請將塔城與俄國邊界照明誼所訂舊界畫分；添設領事，仍限嘉峪關一處，但爲格爾斯所拒絕，遂亦不再堅持。抑考其實紀澤在界務方面之收穫，已遠逾總署之期望，除將崇約訂明長六百里寬二百餘里之土地收回外，更爭回伊犁南境戰略地區，長四百里寬二百餘里之領土；塔、喀兩城邊界，挽回亦多。商務方面，所獲亦相當豐碩。十二月初十日，總署電令曾紀澤照案畫押，並准用「全權」字樣，以示榮寵。遂于光緒七年公元一八八一年正月二十六日，由曾紀澤代表中國，格爾斯及布策代表俄國將條約及所附章程、專條，卡倫即界碑單等件，分別畫押，于四月十八日經清廷正式批准，七月二十五日，紀澤再赴俄都，與格爾斯互換，完成最後批准之手續，是爲伊犁條約。自奉使至成約凡一年，至開始談判至訂議計半年，世人但譽其折衝俎樽之功，未能盡喻其周旋進退之苦也！

英人素忌俄國在華擴展其政治經濟之勢力，聞曾氏與俄談判之成功，然後英人之喜可知也。下院某議員爲之評論曰：

「俄人力求廣地，日肆狼貪，所據疆域，未有得而復失者；有之，自伊犁始！」以上敍述，摘自曾紀澤的外交一一一—一五一面。

及中法越南之役，李鴻章委曲求和，曾紀澤則堅持實力阻嚇，以爲「吾華自翻改俄約後，聲威較前日增」同書一七四面，宜「趁法人內患方殷之時，籌一長久因應之策」，「相持一載，法必告憊」同書一九八面，「一戰不勝，則謀再戰，再戰不勝，則謀屢戰」同書二一三面，並請英外相葛蘭裴爾出面調停，遭其婉拒，此梁任公所謂「李鴻章乃行伐謀伐交之策」也見三四一面引。其後李鴻章與法國艦長福祿諾（Francois Ernest

Fournier）秘密接觸，試探妥協途徑，福祿諾自香港致書李鴻章，卽特別聲明：曾紀澤一日不調離駐法公使之職務，法國卽一日不與中國議商越事。並攻訐曾紀澤「在巴黎辦事，于法國國家命意所在，全未知曉，其預斷越南事宜，亦毫不符合，惟時時妄以中國將與法戰相嚇詐，致令中國有失體面。」（同書二一六面）蓋深虞紀澤「一戰、再戰、屢戰」之策得行也。十年四月初四日，遂正式撤去曾紀澤駐法公使兼職。十年，晉兵部侍郎。明年，還朝，轉入總理各國事務衙門；調戶部，兼署刑部、吏部侍郎。十六年卒，加太子少保，諡惠敏。（曾紀澤傳）

自來當國勢陵替之際，和戰之議，呶呶靡定。異代之人，見其恤玉碎而不克瓦全，輒罔顧當日情實，一味崇戰而絀和。不知會稽之棲，卒收沼吳之功，是降身辱志，將以大申也；莒城一戰，終有復齊之效，則悉索敝賦，未爲孤注也。方之趙宋，寇準之力贊親征，富弼之議增歲幣，同爲社稷之功，不以和戰而有所軒輊；要在得人審勢，知己知彼。紀澤于俄事施其「訥」，于法事展其「剛」。詩曰「柔亦不茹，剛亦不吐」（大雅烝民），曾紀澤有焉。

第十二章　國民外交

第一節　何謂國民外交

國民外交，盛于近代，即國際間之非官式活動，而有助于兩國情愫之溝通與瞭解，從而增進或建立友好之關係，以達敦睦邦交之目的也。

自民主政治興，秘密外交息，交通發達進步，國與國行旅之時間縮短而便捷，民間文化、經濟、社會諸團體往來訪問，日益頻繁。于是文化交流，有無懋遷，得未曾有。舉凡學人聚會，藝術展覽，體育比賽，戲劇音樂之演奏，乃至觀光覽勝，佳麗鬥妍，無一不可納入國民外交之範疇，雖未能同文同軌，已無殊四海一家。惟共產集權集團鐵幕低垂爲化外，無出入聘問之自由耳。

昔者延陵季子以貴公子觀光上國，周歷鄭晉，觀樂于魯，聞絃歌而知雅意（詳十八十九面），及子貢一出（孔子使之）而存魯亂齊破吳彊晉霸越（詳五一—五六面），皆無官方之正式使命，允爲國民外交之典型。而弦高、魯仲連之折秦，尤爲膾炙人口。

第二節　鄭弦高智犒秦師

燭之武之退秦師也，秦使杞子、逢孫、楊孫戍之（詳第二章第六節）。越二年，杞子自鄭使告于秦曰：

「『鄭人使我掌其北門之管，若潛師以來，國可得也。』穆公訪諸蹇叔。蹇叔曰：『勞師以襲遠，非所聞也。師勞力竭，遠主備之，無乃不可乎？師之所爲，鄭必知之。勤而無所，必有悖心。且行千里，其誰不知？』公辭焉。召孟明、西乞、白乙，使出師于東門之外。蹇叔哭之。曰：『孟子，吾見師之出，而不見其入也。』公使謂之曰：『爾何知？中壽，爾墓之木拱矣！』蹇叔之子（即西乞術）與行，哭而送之。曰：『晉人禦師必于殽，殽有二陵焉（殽亦作崤，有二陵，故曰崤陵。在今河南省洛寧縣北，東接澠池，西北接陝縣，分東西二崤，爲函谷關之東端，故曰崤函之固。）。其南陵，夏后皋之墓也；其北陵，文王之所避風雨也。必死是間，余收爾骨焉！』秦師遂東。」（左傳魯僖三十二年）

春秋：

「僖公三十三年（周襄王鄭二十五年（公元前六二七年）晉襄公驩元年鄭穆公蘭元年秦穆公任好三十三年），春，王二月，秦人入滑。」左氏傳曰：

「三十三年，春，秦師過周北門，左右免冑而下，超乘者三百乘。王孫滿尚幼，觀之。言于王曰：『秦師輕而無禮，必敗。輕則寡謀，無禮則脫。入險而脫，又不能謀，能無敗乎？』

「及滑，鄭商人弦高將市于周，遇之，以乘韋（熟治獸皮）先，（言乘敷熟治獸皮之車前行，喻其富麗。）牛十二犒師。曰：『寡君聞吾子將步師出于敝邑，敢犒從者。不腆敝邑，爲從者之淹，居則具一日之積，行則備一夕之衞。』且使遽告于鄭。鄭穆公使視客館，則束載、厲兵、秣馬矣。使皇武子辭焉。曰：『吾子淹久于敝邑，唯是脯資（乾糧也）餼牽（生牲也）竭矣，爲吾子之將行也，鄭之有原圃，猶秦之有具囿也，吾子取其麋鹿，以閒敝邑，若何？』（皇武子之言殊幽默，言三子既能賣鄭以厚秦，亦可盜秦以益鄭。）杞子奔齊，逢孫、楊孫奔宋。

「孟明曰，鄭有備矣，不可冀也。攻之不克，圍之不繼，吾其還也。滅滑（張守節曰，滑伯國也。韋昭云，姬姓小國也。）而還。」

「夏，四月辛己，晉人及姜戎敗秦師于殽。」左氏傳曰：

「晉原軫（即先軫食采于原）曰：『秦違蹇叔，而以貪勤民，天奉（與也）我也。奉不可失，敵不可縱。縱敵患生，違天不祥。必伐秦師！』欒貞（欒貞子）曰：『未報秦施，而伐其師，其爲死君乎？』先軫曰：『秦不哀吾喪，而伐吾同姓（鄭也），秦則無禮，何施之爲？吾聞之，一日縱敵，數世之患也，謀及子孫，何謂死君乎？』

「遂發命，遽興姜戎。子（即太子襄公。文公未葬未即位，故稱子。）墨衰絰。梁宏御戎，萊駒爲右。夏，四月辛己，敗秦師于殽（果如蹇叔所料），獲孟明視、西乞術、白乙丙以歸。遂墨以葬文公，晉于是始墨。

「文嬴請三帥。曰：『彼實搆吾二君，寡君若得而食之，不厭。君若辱討焉，使歸就戮于秦，以逞寡君之志，若何？』公許之。先軫朝，問秦囚。曰：『夫人請之，吾舍之矣。』先軫怒曰：『武夫力而拘諸原；婦人暫（言立即也）而免諸國，墮軍實而長寇讎，亡無日矣！』不顧而唾。

「公使陽處父追之，及諸河，則在舟中矣。釋右驂以公命贈孟明。孟明稽首曰：『君之惠不以纍臣釁鼓，使歸就戮于秦，寡君之以爲戮，死且不朽。若從君惠而免之，三年將拜君賜。』

「秦伯素服郊次，鄉師（史記作「三人」，于義爲長，蓋「無一人得脫」也。）而哭。曰：『孤違蹇叔，以辱二三子，孤之罪也。不替孟明，孤之過也（言不降責以志吾過），大夫何罪？且吾不以一眚掩大德。』」

史記：

秦本紀，繆公：

「三十二年，冬，晉文公卒。鄭人（賣杞子非鄭人）有賣鄭于秦曰：『我主其城，鄭可襲也。』繆公問蹇叔、百里傒。對曰：『徑數國（言周晉也），千里而襲人，希有得利者。且人賣鄭，庸知我國不有以我情告鄭者乎？不可！』繆公曰：『子不知也，我已決矣。』遂發兵，使百里傒子孟明視，蹇叔子西乞術及白乙丙將。行日，百里傒、蹇叔二人哭之。繆公聞，怒曰：『孤發兵，而子沮哭吾軍，何也？』二老曰：『臣非敢沮君軍。軍行，臣子與往；臣老，遲還恐不相見，故哭耳。』退，謂其子曰：『汝軍即敗，必于崤阨矣。』

「三十三年，秦兵遂東，更晉地，過周北門。周王孫滿曰：『秦師無禮，不敗何待？』兵至滑，鄭販賣賈人弦高持十二牛，將賣之周，見秦兵，恐死虜，因獻其牛。曰：『聞大國將誅鄭，鄭君謹修守禦備，使臣以十二牛勞軍士。』秦三將軍相謂曰：『將襲鄭，鄭今已覺，往無及已。』滅滑。滑，晉邊邑也。當是時，晉文公喪，尚未葬。太子襄公怒曰：『秦侮我孤，因喪破我滑』，遂墨衰絰，發兵遮秦兵于殽，擊之，大破秦軍，無一人得脫者，虜秦三將以歸。

「文公夫人，秦女，（服虔曰：「繆公女」。按繆公十五年，韓之戰，繆公虜晉君惠公夷吾。十一月，歸晉君。夷吾獻河西地，使太子圉為質于秦，秦妻子圉以宗女。二十二年，「子圉亡歸。次年，立為君，是為懷公。秦怨圉亡去，乃迎晉公子重耳于楚，而妻以故子圉妻。重耳初謝，後乃受。」重耳立，是為文公。則文公夫人即故子圉妻，乃秦宗女，非繆公女也。），為秦三將請曰：『繆公怨此三人，入于骨髓，願令此三人歸，令我君得自快烹之。』晉君許之，歸秦三將。三將至，繆公素服郊迎，嚮三人哭。曰：『孤以不用百里傒、蹇叔言以辱三子，三子何罪乎？子其悉心雪恥，勿怠。』遂復（兕也）三人。官秩如故，愈益厚之。

「三十六年，繆公復益厚孟明等，使將兵伐晉，渡河焚船，大敗晉人，取王官及鄗，以報殽之役，晉人皆城守不敢出。于是繆公乃自茅津渡河，封殽中尸，爲發喪，哭之三日。乃誓于軍曰：『嗟，士卒，聽無譁。余誓告汝，古之人謀黃髮番番（音婆同皤），則無所過以申思。不用蹇叔、百里傒之謀，故作此誓，令後世以記余過。』」（本紀五）

晉世家，文公

「九年，冬，晉文公卒，子襄公歡立。是歲鄭伯（即文公捷）亦卒。鄭人或賣其國于秦，秦繆公發兵往襲鄭。十二月，秦兵過我郊。襄公元年，春，秦師過周而無禮，王孫滿譏之。至滑，鄭賈人弦高將市于周，遇之，以十二牛犒師，秦師驚而退，滅滑而去。

「晉先軫曰：『秦伯不用蹇叔，反其衆心，此可擊。』欒枝曰：『未報先君施于秦，擊之，不可！』先軫曰：『秦侮吾孤，伐吾同姓，何德之報？』遂擊之。襄公墨衰絰。四月，敗秦師于殽，虜秦三將孟明視、西乞秫、白乙丙而歸。遂墨以葬文公。

「文公夫人，秦女。謂襄公曰：『秦欲得其三將戮之。』公許遣之。先軫聞之，謂襄公：『患生矣。』軫乃追秦將，秦將渡河，已在舟中。頓首謝，卒不反。後三年，秦果使孟明伐晉，以報殽之役，取晉汪以歸。四年，秦繆公大興兵伐我，渡河，取王官，封殽尸而去。晉恐，不敢出，遂

城守。」世家九

鄭世家，文公

「四十五年，文公卒，子蘭立，是爲繆公。元年，春，秦繆公使三將將兵欲襲鄭，至滑。逢鄭賈人弦高詐以十二牛勞軍，故秦兵不至而還。晉敗之于崤。」世家十二

此秦師襲鄭，晉敗諸崤一役之實錄，爲燭之武退秦師第二章第七節，折散秦晉聯軍後，兵連不解之首次戰爭。國語周語作「匹馬隻輪無反者」四十面引，史記秦本紀作「無一人得脫者」，秦師蓋熸焉。春秋左傳及史記秦本紀，晉、鄭世家所載，文字繁簡稍殊，內容大致相同。殽、崤，繆、穆，術、秫，驩、歡，字異音同。皆敍秦伯輕信杞子成閑之言，違百里、蹇叔之諫，而敗于鄭賈人弦高之犒師。弦高何人？僅存犒師一事，它無足徵。吾國自古重農，商爲四民之末，以其操奇計贏，見利忘義而賤之也。弦高一牛販耳，無官司之守，涂遇襲鄭之師，頓懍宗邦之危「恐死虜」，當機立斷，以牛十二犒師，「且使遽告于鄭」，鄭得有備，肅清反側，轉危爲安；而弦高遂爲毀家紓難，以國民建功外交之第一人，其機智與國而忘私之精神爲不可及也。

第三節　魯仲連義不帝秦

魯仲連者，齊人也，好奇偉俶儻之畫策。而不肯仕官任職，好持高節。趙孝成王時，而秦王昭襄王使白起破趙長平之軍事當趙孝成王七年秦昭襄王四十七年，前後四十餘萬，秦兵遂東圍邯鄲孝成王八年。趙王恐，諸侯之救兵莫

敢擊秦軍，魏安釐王使將軍晉鄙救趙，畏秦，止于蕩陰不進。

魏王使客將軍新垣衍間入邯鄲，因平原君（公子勝）謂趙王曰：

「秦所以急圍趙者，前與齊湣王爭彊爲帝，已而復歸帝（去帝號也）；今齊湣王已益弱，方今唯秦雄天下。此非必貪邯鄲，其意欲復求爲帝。趙誠發使尊秦昭王爲帝，秦必喜，罷兵去。」

平原君猶預未有所決。

此時魯仲連適游趙，會秦圍趙，聞魏將欲令趙尊秦爲帝，乃見平原君曰：「事將奈何？」平原君曰：

「勝也何敢言事？前亡四十萬之衆于外，今又內圍邯鄲而不能去。魏王使客將軍新垣衍令趙帝秦，今其人在是，勝也何敢言事！」

魯仲連曰：

「吾始以君爲天下之賢公子也，吾乃今然後知君非天下之賢公子也。梁客新垣衍安在？吾爲君責而歸之。」

平原君曰，「請爲介紹而見之于先生。」平原君遂見新垣衍曰，「東國有魯仲連先生者，今其人在此，勝請爲紹介，交之于將軍。」新垣衍曰，「吾聞魯仲連先生，齊國之高士也，衍人臣也，使事有職，吾不願見魯仲連先生。」平原君曰，「勝既已泄之矣。」新垣衍許諾。

魯仲連見新垣衍而無言。新垣衍曰：

「吾視居此圍城之中者，皆有求于平原君者也；今吾觀先生之玉貌，非有求于平原君者也，曷爲久居此圍城之中而不去？」

魯仲連曰：

「世以鮑焦爲無從頌（同容。參考拙著校勘學講稿三十一面頌同容。）而死者，皆非也。（正義：「韓詩外傳云：姓鮑，名焦，周時隱者也。飾行非世，廉潔而守；荷擔採樵，拾橡充食，故無子胤。不臣天子，不友諸侯。子貢遇之，謂之曰：『吾聞非其政者，不履其地，汙其君者，不受其利，今子履其地食其利可乎？』鮑焦曰：『吾聞廉士重進而輕退，賢人易愧而輕死。』遂抱木立，枯焉。按魯仲連留趙不去者，非爲一身。」）衆人不知，則爲一身。彼秦者，弃禮義而上首功之國也。權使其士，虜使其民，彼卽肆然而爲帝，過而爲政于天下，則連有蹈東海而死耳，吾不忍爲之民也！所爲見將軍者，欲以助趙也。」

新垣衍曰：

「先生助之將奈何？」魯連曰：

「吾將使梁及燕助之，齊楚（史記趙世家「平原君如楚請救，還，楚救來。」）則固助之矣。」新垣衍曰：

「燕則吾請以從矣；若乃梁者，則吾乃梁人也，先生惡能使梁助之？」

魯連曰：

「梁未睹秦稱帝之害故耳。使梁睹秦稱帝之害，則必助趙矣。」新垣衍曰：

「秦稱帝之害何如？」魯連曰：

「昔者齊威王嘗爲仁義矣，率天下諸侯而朝周。周貧且微，諸侯莫朝，而齊獨朝之。居歲餘，周烈王崩，齊後往，周怒，赴于齊。曰：『天崩地坼，天子下席，東藩之臣，因齊後至則斮。』齊威王勃然怒曰，『叱嗟，而母婢也！』卒爲天下笑。故生則朝周，死則叱之，誠不忍其求也。彼天子固然，其無足怪。」

新垣衍曰：

「先生獨不見夫僕乎？十人而從一人者，寧力不勝而智不若邪？畏之也。」

魯仲連曰：「嗚呼，梁之比于秦，若僕邪？」新垣衍曰：「然。」魯仲連曰：「吾將使秦王烹醢梁王。」新垣衍怏然不悅曰：「噫嘻，亦太甚矣，先生之言也，先生又惡能使秦王烹醢梁王？」魯仲連曰：

「固也，吾將言之。昔者九侯、鄂侯、文王，紂之三公也。九侯有子而好，獻之于紂，紂以爲惡，醢九侯。鄂侯爭之彊，辯之疾，故脯鄂侯。文王聞之，喟然而嘆，故拘之羑里之庫百日，欲令之死。曷爲與人俱稱王，卒就脯醢之地？

「齊湣王將之魯，夷維子爲執策而從。謂魯人曰：『子將何以待吾君？』魯人曰：『吾將以十太牢待子之君。』夷維子曰：『子安取禮而來吾君？彼吾君者，天子也。天子巡狩，諸侯辟（同避）舍，納筦籥，攝衽抱機，視膳于堂下。天子已食，乃退而聽朝也。』魯人投其籥不果納，不得入于魯。

「將之薛，假途于鄒。當是時，鄒君死，湣王欲入弔。夷維子謂鄒之孤曰：『天子弔，主人必將倍（同背）殯棺，設北面于南方，然後天子南面弔也。』鄒之羣臣曰：『必若此，吾將伏劍而死。』

固（同故）不敢入于鄒。鄒魯之臣，生則不得事養，死則不得賻襚；然且欲行天子之禮于鄒魯，鄒魯之臣不果納。今秦萬乘之國也，梁亦萬乘之國也，俱據萬乘之國，各有稱王之名，睹其一戰而勝，欲從而帝之，是使三晉之大臣，不如鄒魯之僕妾也！

「且秦無已（言秦無饜）而帝，則且變易諸侯之大臣，彼將奪其所不肖而與其所賢，奪其所憎而與其所愛；彼又將使其子女讒妾為諸侯妃姬，處梁之宮；梁王安得晏然而已乎？而將軍又何以得故寵乎？」

于是新垣衍起，再拜謝曰：

「始以先生為庸人，吾乃今日知先生為天下之士也，吾請出，不敢復言帝秦。」

秦將聞之，為卻軍五十里。適會魏公子無忌（信陵君）奪晉鄙軍以救趙，擊秦軍，秦軍遂引而去。于是平原君欲封魯連，魯連辭讓；使者三，終不肯受。平原君乃置酒，酒酣起，前以千金為魯連壽。魯連笑曰：

「所謂貴于天下之士者，為人排患釋難解紛亂而無取也，即有取者，是商賈之事也，而連不忍為也。」

遂辭平原君而去，終身不復見。（史記列傳二十三魯仲連傳）

此秦阬趙卒長平四十餘萬，進圍趙都邯鄲之役也。其曰「諸侯之救兵莫敢擊秦軍」者，言「方今惟秦雄天下」，六國之兵莫敢攖其鋒，正相率謀帝秦以求苟安耳，新垣衍之策畫其代表也。魯連仲以布衣游趙，設譬取喻，力陳帝秦之害，責新垣衍之謀，魏兵一出，卒存危趙者，魯仲連國民外交之功也。

第四節　僧玄奘留印求佛法

唐書列傳第一百四十一，方伎：

「僧玄奘，姓陳氏，洛州偃師人。大業末出家，博涉經論。嘗謂翻譯者多有訛謬，故就西域廣求異本以參驗之。貞觀初，隨商人往遊西域。玄奘既辯博出羣，所在必為講釋論難，蕃人遠近咸遵伏之。在西域十七年，經百餘國，悉解其國之語，仍採其山川、土地、謠俗、所有，撰西域記十二卷。貞觀十九年（公元六四五年），歸至京師，太宗見之大悅，與之談論。于是詔將梵本六百五十七部于弘福寺翻譯，仍勅左僕射房玄齡、太子左庶子許敬宗，廣召碩學沙門五十餘人，相助整比。

「高宗東宮為文德太后追福，造慈恩寺及翻經院，內出大幡，勅九部樂（即清樂、西涼、龜茲、天竺、康國、疏勒、安國、高麗、禮畢九部樂，煬帝大業中定。隋書音樂志下）及京城諸寺幡蓋眾伎（猶樂也）送玄奘、及所翻經像諸高僧等入住慈恩寺。顯慶元年（公元六五六年），高宗又令左僕射于志寧，侍中許敬宗，中書令來濟、李義府、杜正倫，黃門侍郎薛元超等共潤色玄奘所定之經，國子博士范義頵、太子洗馬郭瑜、弘文館學士高若斯等助加翻譯，凡成七十五部，奏上之。後以京師人眾競來禮謁，玄奘乃奏請逐靜翻譯，勅乃移住于宜君山故玉華宮。六年卒，時年五十六，歸葬于白鹿原，士女送葬者數萬人。」

按東漢明帝（公元五八—七四年）時，摩騰、竺法蘭初自西域以白馬馱經東來，舍于鴻臚寺，遂創置白馬寺，是爲佛法傳入中國及僧寺之始；東漢明帝永平八年（公元六五年），遣蔡愔等使西域求佛法，次年，偕西域僧歸，是爲官方使人入印求佛經之始；東晉安帝（公元三九七—四一八年）隆安二年（公元三九八年），僧法顯偕慧景、道整入西域，六年至中印度，學戒律梵語，得摩訶僧祇律、泥洹經等經，三年還國，譯諸經律，並著佛國記，爲中國入印求法之第一批僧衆。蓋以佛法要指，深契老莊哲學，士大夫之抱遯世思想者，競相服習，以求解脫，佛法乃大行中土，代有大德；即魏晉清談風尚，亦不能謂非佛法之影響。南北朝時，更有佛圖澄之示玄石趙，鳩摩羅什之譯經姚秦（參考晉書卷六十五藝術列傳），其于佛法之顯揚，與中印文化之溝通，皆有莫大之功績，而未若玄奘之「在西域十七年，經百餘國」，取「梵本六百五十七部」，「翻譯凡成七十五部」之偉大也。玄奘之西遊也，自言「單車出使，通譯萬里」；記贊則稱其「以貞觀三年（公元六二九年），仲秋朔旦，褰裳遵路，杖錫遐征。資皇化而問路，乘冥祐而孤遊，出鐵門石門之阨，踰淩山雪山之險。……宣國風于殊俗，諭大化于異域。親承梵學，詢謀哲人：宿疑則覽文明發，奥旨則博問高才，啓靈府而究理，廓神衷而體道。聞所未聞，得所未得，爲道場之益友，誠法門之匠人者也。」（玄奘：大唐西域記）所請經、像，爲：

「如來肉舍利一百五十粒，金佛像一軀，通光座高尺有六寸；擬摩揭陀國、前正覺山龍窟影像、金佛像一軀，通光座高三尺三寸；擬婆羅痆斯國、鹿野苑初轉法輪像、刻檀佛像一軀，通光座高尺有五寸；擬憍賞彌國、出愛王思慕如來、刻檀佛像一軀，通光座高二尺九寸；擬劫比它國，如來自天宮降履寶階像、銀佛像一軀，通光座高四尺；擬摩揭陀國、鷲峯山說法華等經像、金佛像一軀，通光座高三尺五寸；擬那揭羅曷國、伏毒龍所留影像、刻檀佛像一軀，通光座高尺有三寸；擬吠舍釐國、巡城行化像。

「大乘經二百四十部，大乘論一百九十二部，上座部經、律、論一十四部，大衆部經、律、論一十五部，三彌底部經、律、論一十五部，彌沙塞部經、律、論二十二部，迦葉臂邪部經、律、論一十七部，法密部經、律、論四十二部，說一切有部經、律、論六十七部，因論三十六部，聲論一十三部，凡五百二十夾，總六百五十七部。」（西域記記贊）

「將弘至教，越踐畏途，薄言旋軔，載馳歸駕。出舍衛之故國，背伽邪之舊郊，踰葱嶺之危隥，越沙磧之險路。十九年，春正月，達于京邑，謁帝雒陽，肅承明詔，載令宣譯，爰召學人，共成勝業，法雲再蔭，慧日重明，黃圖（言畿輔也）流鷲山之化，赤縣（言中夏也）演龍宮之教，像運之興，斯為盛矣！」（記贊）

世言唐三藏（經、律、論，謂之三藏，玄奘首得經律論，故稱三藏和尚。）之西天（當時泛指新疆以西，概稱西域，元太祖時，猶稱中東諸國為西域。）之取經也，備嘗艱辛。記贊敍其「出鐵門石門之阨，踰淩山雪山之險」，與「踰葱嶺之危隥，越沙磧之險路」，文言簡括，自難如小說西遊記刻意描寫之生動。玄奘始以釋子求經，「博究五印之方言，精通教義之奧蘊」（呂澂：佛教研究法），及回京謁帝，乃大得官家獎助，廣召學人，「共成勝業」。譯經道場，三易其地：初于弘福寺，次為慈恩寺，終移玉華宮，歷十有六年，將「梵本六百五十七部」，「翻譯凡成七十五部」，重臣為之潤色，天子御製序文（大唐三藏聖敎序），自有翻譯佛敎經典以來，規模、功德，未有如斯之盛者也！法師圓寂于顯慶六年實龍朔元年公元六六一年，世壽五十六，則其出生爲隋煬帝大業元年公元六〇五年；本傳言「大業末出家」，則法師之爲沙彌，才十二歲，佛臘則四十有四也，其「褰裳遵路，杖錫遐征」，爲貞觀三年，「歸至京師」爲十九年，「在西域十七年」，蓋二十四歲赴印，四十歲回國，見所未見，「聞所未聞，得所未得」，就所未就，洵「法門之領袖也」！聖教序語自玄奘求經譯經，中國之佛教乃大昌明，日本、高麗留學僧之來唐者，踵相接也，而國民外交，亦發揮盡致焉。

中華史地叢書

中國歷代行人考（續編）

1912

作　　者／黃寶實　著
主　　編／劉郁君
美術編輯／鍾　玟

出 版 者／中華書局
發 行 人／張敏君
副總經理／陳又齊
行銷經理／王新君
地　　址／11494 臺北市內湖區舊宗路二段181巷8號5樓
客服專線／02-8797-8396　　傳　真／02-8797-8909
網　　址／www.chunghwabook.com.tw
匯款帳號／兆豐國際商業銀行　東內湖分行
　　　　　067-09-036932　中華書局股份有限公司

法律顧問／安侯法律事務所
製版印刷／維中科技有限公司　海瑞印刷品有限公司
出版日期／2017年3月再版
版本備註／據1970年12月初版復刻重製
定　　價／NTD 350

國家圖書館出版品預行編目（CIP）資料

中國歷代行人考. 續編 / 黃寶實著. — 再版.
— 臺北市 : 中華書局, 2017.03
面 ; 公分. — (中華史地叢書)
ISBN 978-986-94040-9-9(平裝)

1.外交史 2.中國

641.11　　105022661

NO.G2002-2
ISBN 978-986-94040-9-9（平裝）